●テゥリムルティ Tri Murti　三位一体

テゥリムルティとはサンスクリット語で、ヒンドゥー教において3人の神が一体であるという考え方。

3大神	ブラフマナ神 Dewa Brahma	ウィスヌ神 Dewa Wisnu	シヴァ（シワ）神 Dewa Siwa
色	赤	黒	白
シンボル	創造	再生、繁栄	破壊
音韻	A (Ang)	U (Ung)	M (Mang)
神妃	サラスワティ女神 Dewi Saraswati	デウィ スリ女神（ラクシュミー） Dewi Sri（Laksmi）	デウルガ女神（パールバーティ） Dewi Durga(Uma)
神の乗り物	聖鷲鳥（Angsa アンサ）	聖鳥（Garuda ガルーダ）	聖牛（Lembu ルンブー）
神具	棍棒（Gada ガダ）	円盤（Cakra チャクラ）	蓮（Padma パドマ）
供物	檳榔樹（Pinang ビナン）	タバコの葉（Sirih シリ）	石灰（Kapur カプール）

＊シヴァ（シワ）神は、テゥリムルティでは白色で表現され、デワタ ナワ サンガの図（→ p.5 参照）では混合色で表される。

＊テゥンガナン村のグリンシン（経緯絣）に使われる、赤（ブラフマナ神）黒（ウィスヌ神）白（シヴァ神）の3色は、テゥリムルティである神の色が織り込まれている。テリダテゥ（→ p.6 参照）も同様である。

＊サンスクリット語で「ディブ」Div は神、インドネシア語で「デワ」Dewa は神、「デウィ」Dewi は女神。Div=Dewa=Sinar（シナール）とされる。シナールは、光という意味。すべての神々の始まりは、神聖な光とされ「シナールスチ」Sinar Suci といわれる。「シナール」は光、「スチ」は神聖の意味。

＊神具については、デワタ ナワ サンガ（→ p.5 参照）と、統一して紹介しているが、3神において、それ以外にも例えば、ブラフマナ神は、数珠、杓、蓮の花、水の入った器、などで、ウィスヌ神は、ホラ貝、蓮の花など、シヴァ神（シワ神）は、三又槍、数珠、太鼓などをたずさえて一緒に表されることもある。デワタ ナワ サンガ図は、それぞれの神の神具だけで表されるものもある。

ロダン寺の遺跡洞窟内リンガ像
三位一体テゥリムルティ

●サン ヒャン ウィディ Sang Hyang Widhi（シンテ

最高神シンティア Acintya のレリーフ

サンヒャンウィディ（シン
あるが、インドネシア共和
「唯一神への信仰」に従うた
ないものという公式解釈に

JN226122

ゝ多神教で
ゝのひとつ
見れに過ぎ

●カインポレンの見られる場所

聖なる場所、寺院、神木などに巻く、神聖な物のシンボルとして、その他にも最近ではホテル、レストラン、スパなどの、世俗的な宗教とは関わりのない単なるインテリアとしても用いられている。儀式用、インテリア用の傘テデゥン Tedung、のぼりとしてウンブル ウンブル Umbul-umbul、村にある半鐘クルクル Kul-kul、モニュメント、彫像、寺院の神木、舞踊、影絵芝居、男性の腰巻として、村の役人のユニフォームのような役割もある。

リゾートホテルのベッドメイキング

（上右）クルクル半鐘は、各村の集会所にあり、村の祭事を伝える大切な役目。カインポレンが巻かれているのがクルクル。
（上左）寺院境内。（下）寺院の前の神木と祭壇。

バリ島の正装衣装クバヤ

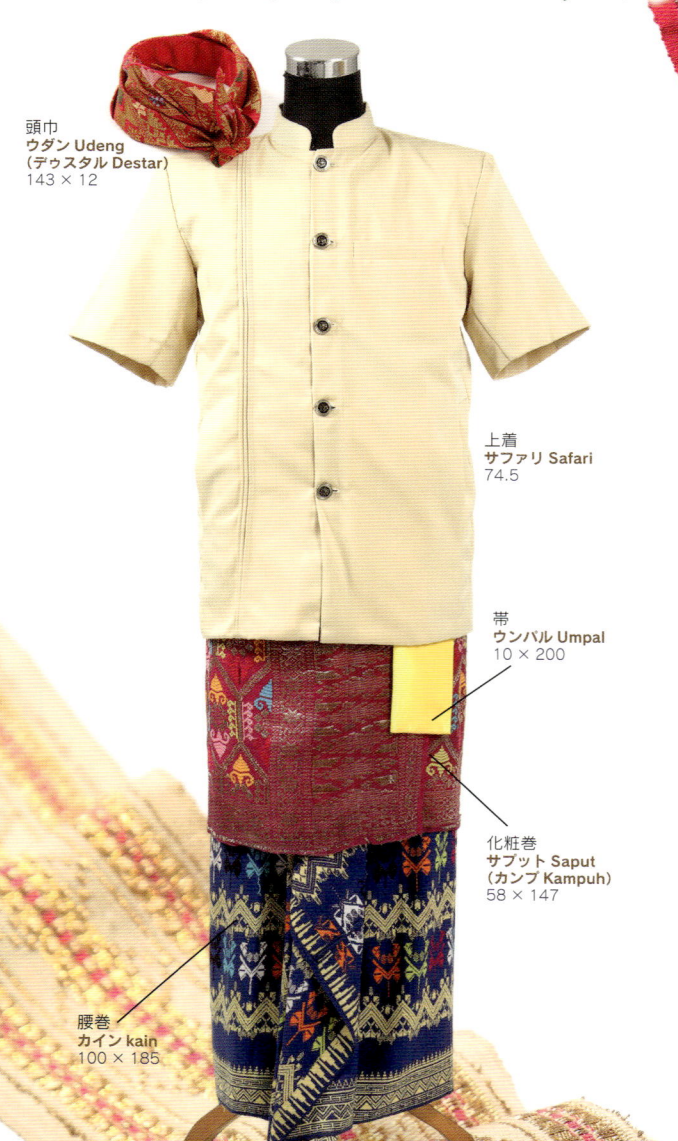

頭巾
ウダン Udeng
（デゥスタル Destar）
143 × 12

上着
サファリ Safari
74.5

帯
ウンパル Umpal
10 × 200

化粧巻
サプット Saput
（カンプ Kampuh）
58 × 147

腰巻
カイン kain
100 × 185

《女性用》4点セット

女性は上着クバヤ Kebaya に、腰巻カイン Kain、帯スレンダン Selendang を身につける。クバヤの下にはアンキン Angkin を身につける。女性は、巻き終わりを左前にする。着物と同じ合わせ方。スレンダンは、腰帯として使う。帯は、心を鎮めて神聖な場所に向かう礼儀として身につける。

ビスチェ
アンキン Angkin
着丈 35

帯
スレンダン Selendang
100 × 6

上着
クバヤ Kebaya
着丈 95

腰巻
カイン kain
106 × 185

《男性用》5点セット

上着は、バリ風半袖詰襟**サファリ Safari** で、ジャケットタイプとシャツタイプがある。

男性の頭の巻物は、**ウダン Udeng**（デゥスタル Destar）と呼ばれる。**ウダン**をつけることで、正式な場に出ることを意味する。男性は、2枚の腰巻を使い、巻き終わりを右前にする。1枚目は**カイン Kain**。カインは布端を三角形に織り込んで、中央に垂らす巻き方**カンチュット kancut** にする。2枚目は**サプット Saput**（カンプ Kampuh）で幅の狭い化粧巻。サプットと帯**ウンパル Umpal** を腰位置に**カイン**の上に巻く。

既婚女性と成人女性の
スタイルのヘアピース
サングル バリ Sanggul Bali
（プスン タゲル Pusung Tagel）
18 × 25

未婚女性で少女の
スタイルのヘアピース
ゴンジェール Gonjer
18 × 70

●バリの女性を美しく見せるクバヤ

バリ正装衣装は、色目を変えるだけで冠婚葬祭すべてに通じ、老若男女誰でも、一式揃えている。

例えばお寺参りなら、神聖な色とされる白、喜びを表す黄色。弔いの時は黒、焦茶色、濃紫、群青色など色味が濃くて暗いものを着用。村を挙げての大祭などでは、ユニフォームのように衣装を統一して伝統衣装の絵巻物さながらの世界が広がる。

腰帯スレンダン Selendang をお祈りや寺院礼拝の時に巻くのは、心を正し、静かな気持ちで神聖な場所に入る礼儀の為。
また婚礼の場合、新婦のスレンダンは、腰帯以外に、肩掛、胸巻としても使われる。

ヘアーセットは、未婚の女性はゴンジェール Gonjer という長く後ろに髪を下ろしたスタイル、既婚女性及び成人女性は前髪で逆毛を立てて丸くラインを作り、髪を一つに結い上げてサングル バリ Sanggul Bali（プスン タゲル Pusumg Tagel）というヘアピースをのせる。

バリの女性を一番美しく見せるのはクバヤ Kebaya で、バリのおばあちゃんは、ビシッと背筋が伸びていてカッコ良い。供物を頭に乗せて歩く習慣があること。腰巻の歩幅が制限された中での足さばき。バリ伝統衣装のきらびやかな美しさを引き立てるのは、着こなす女性の身のこなし。美しい華やかな所作は背筋をピシッと張ったバリ舞踊や、日々祈りを捧げる姿から培ってきたもの。

正装衣装をはじめ、地域ごと階級ごとに異なる伝統衣装は、バリの人々にとって人生の節目節目を飾る大切なものなのである。

●日常の中で伝統衣装を美しく纏う

熱帯のバリでは、腰巻サロン Sarung が1枚あれば生活出来る。1枚の布を筒型に縫ったものをサロンとよび、1枚の布ならカイン Kain と言って、どちらも同じ用途だが別の名前がついている。結婚式などの儀礼に用いられる布カインは上質なもので、バリ語でワストラ Wastra またはカンベン Kamben とも言う。

筒型に縫ったサロンは、日常生活での用途が多く、サロンに体を通したら、余った布は左右から折りたたんで中央でとめる。腰巻の他、水浴びに行く時は、胸の位置に引き上げればバスタオルの役目も果たし、夜寝る時は、シーツのように体を覆ってくれるので蚊除けにもなる。

サロンのように縫っていない、1枚もののカインも同様の用途に使える。カインは、体周りに2周布を回せるので、少々太めの人も安心だし、後ろ側が二重になるので、お尻の部分の布が摩擦で布が傷んだりするのが防げる。

腰布の巻き方は、女性なら巻き終わりが左前、男性なら右前に合わせて巻きつける。日本の浴衣を着るより楽なものであるが、巻き方には少しコツがある。巻いた布の底の部分が、地面と平行になること、階級にふさわしい長さで巻くこと、階級にふさわしい布とモチーフを選ぶこと、儀式にあった色味であること。

日常生活では、女性はくるぶしが見えない長さに巻くのが上品とされる。腰回りにピタッと添い、ラインが美しく出るような着付けは、下から上に少しラップするように力をいれて布を引き上げて巻くときれいに仕上がる。

男性の頭に巻くウダン Udeng は、現在は帽子のように形を縫い付けて被るだけの出来合いのものになっている。本来は、大判の四角形の布を三角形に折り、細かく折りながら鉢巻のように巻いてギャザーを作り結び目に挟み込む。既製のウダンが作られるようになってから、この結び方が出来ない若い世代も増えてきている。昔は小さい頃から、自分で結べるように、自分の膝を軽く曲げて頭の形に見立て、何回も繰り返し練習したということも聞く。

ウダンを頭にキリッと巻くと誰もが顔元がしまって男前に見える。ちょっとハゲ頭でも、前方からすっぽり隠れて別人のように見える。

p.8〜9の背景は、紋織帯のスレンダン ソンケット Selendang Songket。クバヤ着用時、スレンダンをバリ島では腰帯として、ジャワ島では肩掛として用いる。スレンダンの素材は、紋織以外でもバティック（更紗）、イカット（絣）、シフォン地、サテン地の簡易的なものも使われる。

●様々なスタイルのクバヤ

　クバヤは年代ごとに流行があり、デザインでは、袖の長さを10分丈や、7分丈に変えたり、肩にダーツをとったり、長さをロングやショート丈に変える。素材では、レース生地の他、コットン素材にレースの組み合わせ、シフォン生地やオーガンジに刺繍など、年代によって異なる。

　クバヤには、大きく分けて「クバヤ バリ Kebaya Bali」、「クバヤ カルティニ Kebaya Kartini」「クバヤ スンダ Kebaya Sunda」「クバヤ モディフィカシ Kebaya Modifikasi」の4つの名称がある。クバヤ バリは、文字通りバリ島のスタイルのクバヤで、着丈は腰回りぐらいの長さ、ヘチマ襟がついた形で真ん中に、細長い布クテゥバル Ketubaru がついている。

　クバヤ カルティニは、インドネシアの女性解放を説いたカルティニ女史が着ていたクバヤの形。襟元が中央で合わさった形で、これが人気となり現代も、この女史の聡明な名前をとって呼ばれている。

　クバヤ スンダは、ジャワ島のスンダ地方のクバヤで、バリよりも身丈が長く、襟のないブラウスのような形で、中央にボタンがついているもの。

　クバヤ モディフィカシは寸の長さ、襟ぐりなど全く自由で、スパンコールや刺繍などが施された、豪華なパーティードレスやスケートのフィギュア選手のようなデザインのクバヤ。

左の女性はクバヤ バリ、中央の女性はクバヤ カルティニ、右の女性はクバヤではなく、上半身にチャワンガンとブランカガディン（→ p.13 参照）のスレンダンを巻く昔のスタイルを身につけている。ヘアスタイルは左右の女性がサングル、中央の女性がゴンジュール。

1996 年頃
クバヤ カルティニ
レース付きのものがトレンドになった。

2000 年前後
クバヤ シャンハイ
チャイナ襟のデザインがトレンドとなった。

2000 年以降〜
クバヤ パヤット ボルディル
裾部分に尻尾が付いているような形から「ペンギンさん」の愛称で親しまれた。

2004 年前後
クバヤ シフォン
シフォン生地を使い、長めの袖に、襟はないもの。刺繍使いやくるみボタンのデザインが見られる。

2010 年前後
クバヤ ボルディル
裾部分は生地が2枚重なっておりそのどちらにも刺繍が施されている。

近年〜
クバヤ ロングドレス
様式にこだわらないドレススタイルのものも出てきた。クバヤはクラシック（古典的）なものから、世界のファッションとなりつつある。

1930
以前

1990

1996

1999

2000

2004
2005

2008

2010

2012

近年

1930 年以前

古来から一枚布を腰や胸、頭に巻いて衣装としており、洋服の文化は、オランダ統治により、独自のクバヤ衣装が生まれた。「最後の楽園」のキャッチ・コピーは、「上半身裸体の婦女」のイメージと共に欧米に紹介され観光客が激増。バリ・ルネッサンスの時代を迎える。

Photo by Kinsbergen, I. van
1865

1990 年前半

クバヤ バリ

袖にダーツを入れるのがトレンドになった。胸当ての部分をバリ語で**ベッテゥ bet** という。

1999 年頃

クバヤ スンダ

シフォン素材を使ったものが流行。胸元はくるみボタンがついている。

2000 年前後

クバヤ ペンデック

ショート丈のジャケットタイプが流行。ショート丈のものは、下に腰巻以外のパンツスタイルなどでもコーディネート可能。

2000 年以降〜

クバヤ モディフィカシ

ビーズ刺繍がゴージャスについていたり、ロング丈のパーティードレス風のものが出てきた。

2005 年前後

クバヤ タイル ボルディル

一つ前のトレンドは、襟なしだったが、一転して襟が付いているデザインがトレンドで、刺繍が入り、袖口は幅広が流行った。

2008 ～ 2010 年頃

クバヤ ボルディル テンペル

コットンやTシャツ素材が出てきた。別売りのレースを合わせるのがトレンドになり、袖や前立てにお気に入りのレースを後で縫い付けるように。

2010 年頃

クバヤ ブロカット

立て襟で七分袖のデザイン。細身のロング丈も多く、総レースや贅沢にレースを使用したものが見られる。

2012 年頃

クバヤ モデラン

レースやビーズ、刺繍がほどこされゴージャスなもの。前面にボタンが付いているデザインも流行。

バリ島デンパサール布問屋街

子供用のクバヤも、大人
顔負けの本格的な作り。
クバヤ 着丈 50
帯 3 × 70
腰巻 着丈 45

●バリの色彩感覚

　インドネシア全域に言えることだが、布生地屋が流行をつくることで絶えず消費が生まれる。バリ島では、ガルンガンやクニンガンのような日本のお盆にあたる儀式の時に、新しいクバヤを新調し、ほとんどの場合、既製のクバヤよりも、自分の今の体型にあったピッタリのクバヤを、専門のテーラーさんで縫ってもらうのが普通。

　大事なのは、その儀礼のためにわざわざ毎回作るという事、ここにとても意味を感じている。バリ人ならば、赤ちゃんから高齢になるまで、その時期ごとにふさわしいクバヤを必ず持っている。

　バリでの色の組み合わせは、上下にコントラストのある色味の方が、メリハリがあって歓迎される。方位図のデワタ ナワ サンガ（→ p.5 参照）のように各方位の反対側の色を用いるのが、組み合わせとしては良いとされる。この場合は、神の色と見立てるのではなく、バリらしい色の組み合わせができるものと考えられている。黄色×白、オレンジ×緑、青×ピンク、完全に方位図通りの反対色ではなくても、その隣の色味を合わせても丁度よい色味になる。

　帯スレンダン Selendang に入れる色は、上のクバヤと全く同じ色味ではなく、腰巻カイン Kain のモチーフのどれかの色が入っているとバランスが良い。

　このように伝統衣装をまとい、日常生活でも色味を絶妙に取り入れることで色彩感覚が格段に上がる。小さな子どもでも同様で、次に着れる晴れ着の色味やデザインを楽しみにしている。

バリの手織物や伝統布

スレンダン ブランカ ガディン Selendang plangka gading。黄色もしくはピンク色の織物で、肩掛け、帯、胸巻として用いる。
黄 233 × 32、赤 235 × 30

●バリの伝統的な布

バリの言葉でテキスタイルの布は、**ワストラ Wastra**、**カンベン Kamben**、インドネシア語で**カイン Kain** という。これらは同義語だが、特に**ワストラ**は婚礼布に使う言葉。また、手織物を表す同義語として、**テヌン Tenun**、**イカット Ikat**、**エンデック Endek** がある。その内、**イカット**と**エンデック**は主に絣織のこと。

地域や村限定で使用する伝統布があり、村の一員しか持てない布もあることから、バリの人々が、いかに布に特別な意味を見出しているかということが伺える。

婚礼や儀礼に欠かせない織り布として、紋織**ソンケット Songket**（→p.14 参照）や印金**プラダ Prada**、そして世界的にも珍しい立て経緯絣ダブルイカットの**グリンシン Gringsing**（→p.22 参照）がある。**グリンシン**は伝統村**バリ アガ BALI AGA** のテゥンガナン村だけのもの。染色では、更紗**バティック Batik** が有名だが、本場はジャワ島。

（上）スレンダン バンシン Selendang Bangsing。日本の帯のようにしっかりと厚みのある手織物。胸巻、肩布として用いる。
赤 245 × 21、黄 257 × 20、白 248 × 21
（下）スレンダン チャワンガン Selendang Cawangan。所々穴を開けた手織物。胸巻または帯として用いる。
手前 185 × 28、中 122 × 24、奥 140 × 22

左の女性がチャワンガンを着用している。
(Bali in the1930s：Bali through a sculptor's eyes より引用)

エンデック
Endek

ソンケット
Songket

紫 160 × 95　オレンジ 184 × 100

プラダ
Prada

グリンシン
Gringsing

バティック Batik　ロクチャン Lokchan と呼ばれるグリーンシルク。緑絹。中国からシルクが渡りジャワ島でロウケツで染められた手描きアンティークのスレンダン肩掛。（→ p.23 参照）
250 × 50 （掲載は一部アップ）

●ソンケットの扱い方と種類

上質の紋織ソンケット Songket を腰巻として着用する時は、下巻の白い布タピ Tapih を巻いてから、上にソンケットを巻く。タピを巻くのは、ソンケットの生地を傷めないよう、汗をかいた時に直接ソンケットに当たらないように保護する役目。またソンケットは非常に重い布なので、直接体に当たると痛い。基本的に洗えないので、日本の着物のおこしのような役割をするタピが必要になる。

タピの端には、印金プラダ Prada された布が別布で縫い付けられている。ソンケットを巻いた時に、足元から少しの布幅のタピがのぞくように巻くので、その時に、プラダが見えるようにしてある。タピが汚れてしまった時は、別布のプラダの縫い付けてある部分を解いて、タピの白いところだけを取り外して洗える。日本の着物の半襟のような扱い。

ソンケットは、大きく分けて３つの種類ある。金糸を用いたものはソンケット カランガッサム Songket Karangasem と呼ぶ。カランガッサム地方で作られる織物で、産地の名前が入っている。金糸が入っていないものはソンケット ヌガラ Songket Negara。こちらも産地名が入り、ヌガラ地方で作られた織物ということ。（→ p.62 参照）

ソンケット制作風景。模様に合わせて経糸を浮かせて、カードに巻いた金糸や色糸を通して織っていく大変根気のいる作業。

天然の色素で仕上げた最高級のものは、ソンケット アラム Songket Alam という。アラムは、天然という意味。

タピだけではなく、上半身にも下着を身につける。コルセットのような役割をするスタゲン Stagen は、上に巻く帯のサブック プラダ Sabuk Prada （9cm 幅 × 約 8 m）を安定させるための下地用の黒い帯。黒色ではなく黄色の帯もあるがどちらも同じ扱い。

現代に入って体のラインを整えるため、コルセットの下着も着用するようになったが、いまだに、バリ３大伝統村バリ アガ BALI AGA の村テゥンガナンでは、伝統布を直接肌に巻くのが正しい方法で、下着のブラジャーはいっさい着けない。また、同じくバリ アガの村アサックでは、あえて下にスタゲンが見えるように着付けをする。（→ p.24 参照）

ソンケット アラム Songket Alam。タバナンの女性衣装に使われているもの（→ p.56 参照）

ソンケット ヌガラ Songket Negara。赤ちゃんのおくるみ布として使用。着用する以外にも儀礼布として使われる。100 × 45

ソンケット カランガッサム Songket Karangasem。生地のアップ写真は頁上。173 × 100

《男性用》下巻　片側に三角の模様がある。この三角の部分をルランチンガン Lelancingan という。また、着付方法で三角に織り込む技法のこともいう。250 × 100

《男性用》化粧巻　両サイドに三角の模様がある。この部分をレボン Rebong と呼ぶ。123 × 170

《女性用》腰巻　巻き終わりに模様がくるよう、L 字に花の模様を配置してある。115 × 169

●男女で特徴のある婚礼用の巻物

女性用の婚礼用の巻物は、基本的に左前で巻き終わるようにデザインされているので、上下逆さまに着付けたりすることがないように気をつけられる。

女性用の婚礼布ワストラは、布の左端にL字型に花模様のモチーフが入っている。

一方、男性用の婚礼用の巻物は、三角形のモチーフが、上下交互に向き合うようにデザインされて、巻き終わりに入っている。男性用の化粧巻のサプット Saput（カンプ Kampuh）は、布の両端が同じデザインで、レボン Rebong のモチーフが入っている。

それぞれに特徴があるので布を選ぶ時に、まずは男物か女物なのか、さらに共通布として使える物もあるので見極めることが必要。女性用の腰巻、男性用の下巻、化粧巻の３つの布の

違う点は、プラダ Prada で印金された布だと、その特徴が解りやすい。

また、婚礼用の帯サブック プラダ Sabuk Prada は、必ず４色（紫、緑、黄色、ピンク）を使い、印金がほどこされる。黄色１色の帯はバリ舞踊用となる。

左から３本は婚礼用の帯。最左のものは手描きの印金。中央の二つはスクリーンによる印金。右端の黄色一色の帯はバリ舞踊用。
左から順に 9 × 813、11 × 800、10 × 815、10 × 805

バリ3大伝統村先住民 BALI AGA バリアガ の 伝統衣装と儀礼

テゥンガナン村　寺院奉納舞ルジャン

バリ島東部のカランガッサム県に位置する『Tenganan テゥンガナン』『Asak アサック』『Bungaya ボンガヤ』。これらの村は、バリ3大伝統村**バリ アガ BALI AGA** と呼ばれ、バリヒンドゥー教が渡る前から古代の血を受け継ぐ先住民で、独特の風習と独自の暦を守りながら人々が暮らしている。

村の平和と繁栄と祝福を招く、**ウサバ スンブ Usaba Sumbu** というバリ アガに属する人のためだけの神秘的な儀式があり、その儀礼のためだけに一年に一度特有の伝統衣装で臨む伝統が続いている。

それぞれの村は隣接しているにもかかわらず全く異なる衣装をまとい、儀礼、お飾りの形、奉納舞も音楽も全て異なる。

バリ アガの伝統衣装を纏うことが出来るのは、それぞれが所属するバリ伝統村の出身者のみ。各村とも未婚の男女が選ばれて伝統衣装をまとう。

カランガッサム県
テゥンガナン村 の伝統儀礼と伝統衣装

男性用肩掛
スレンダン グリンシン アリラン
Selendang Gringsing Arirang
230 × 21
図柄のモチーフはサナン ペッグ
ワトン Sanan empeg Waton。

男性用波状短剣
クリス Keris
7 × 31

胸巻
アンテン グリンシン
Anteng Gringsing
183 × 22
図柄のモチーフはチュチュ
ンパカン Cecempakan。

男性用上着
バジュ ロンピ
Baju Rompi
着丈 53

肩掛
スレンダン グリンシン
Selendang Gringsing
223 × 62
図柄のモチーフはワヤン
クボ Wayang Kebo。

男性用化粧巻
サプット グリンシン アクウップ
Saput Gringsing Akuwub
145 × 80
2 枚のグリンシンを縫い合わせ
たものをアクウップという。
図柄のモチーフはチュチュンパ
カン Cecempakan。

手織物腰巻（下巻）
カイン テヌン
Kain Tenun
200 × 104

未婚女性用腰巻
カイン ガンティ
Kain Gantih
345 × 77

女性用腰巻
カイン チュラギ マニス
Kain Celagi Manis
210 × 107
下巻の布は自由のため、実際はチュラ
ギマニスかカインガンティのどちらか
一方を使うことが多い。

18

寺院奉納舞ルジャン

儀礼アユナン

●伝統衣装

カイン ガンティ Kain Gantih は、テゥンガナン村の少女が巻く非常に長い腰巻で、胴回りで3周させて、1回巻くごとに少しずつ巻きつける高さを変える。ふくらはぎの位置からスタートさせて上方向に巻きながら、腰位置に留める。

カイン チュラギ マニス Kain Celagi Manis は、テゥンガナンの成人女性用の布。軽くて少しストレッチもあり体にそうので非常に巻き心地の良い布。

カイン ゲドガン Kain Gedogan は、乳児をもつ母親が巻くカラフルな胸巻。この布は、赤ちゃんが生まれた時に包む布としても使われる。**カイン ゴティア Kain Gotya** は、白地に黒のストライプで、女性は胸巻として、男性は腰布として用いる。

このように伝統布の用い方で、既婚者、未婚者、子供の有無などが儀礼ごとに各自伝統衣装を纏うことで非常にはっきりと示され、村の中で、それぞれの役割がわかるようになっている。

儀礼の時の女性の髪型は、**プスン クボ Pusung Kebo** と呼ばれる。「プスン」は、髷の意味。クボは水牛。後ろ側を丸く結い上げるこの形は、村で飼われている水牛のお尻の形を模したもの。因みに、水牛のお尻は**ジッ クボ Jit Kebo** という。ジッは「お尻」、クボは「水牛」の意味。

テゥンガナン村のかんざしは、軸の部分が短いのが特徴。金の小花かんざし**パチャ プスン Pacek Pusung**、**ブンガ ウマス Bunga Emas** は、どちらも用いられるが本数は各家庭によって異なる。

帯
サブック タブアン
Sabuk Tubuan
142 × 4.5

男性用波状短剣
クリス Keris
7 × 31

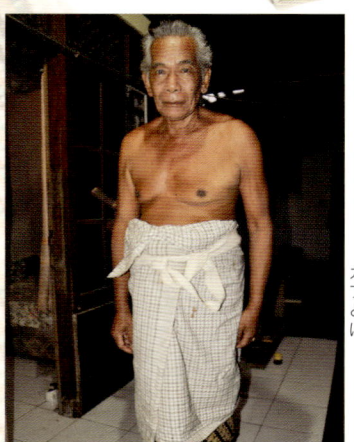

（上）カイン ゲドカンと呼ばれる胸巻を巻いている女性は授乳中の赤ちゃんがいるお母さん達。（下左）ゴティアと呼ばれる白地に黒ラインの布と、腰布チュラギマニスの組み合わせは成人もしくは既婚を意味する。（下右）カイン ガンティは少女が身につける腰巻で巻き終わりをエビの尻尾のような形に整える。未婚女性を表す。
（背景写真）カイン ゲドカン Kain Gedogan 163 × 25

カイン ゴティアにサブック タブアン（帯）とクリス（短剣）を身につけた長老。

●伝統儀礼

《プラン パンダン Perang Pandan （ムカレ カレ Mekare Kare）》

プランは戦い、パンダンはパンダンの葉の意味で、パンダンの戦い。パンダンの葉は、ノコギリのようにトゲがついていて非常に痛い。村の男達が、そのパンダンの葉を束にして、アタという草で編んだ盾で防御しながら、相手の背中に傷がつくように叩きあう儀式ムカレカレ。バリ アガだけで使われている楽器ガムラン スロンディン Gamelan Selonding というガムラン楽器が激しく鳴り響き勇敢さと公平さを見つめ、激しい戦いに観客は熱気に包まれる。

戦いは一対一で、観衆はまわりを取り囲むように構える。村の男達はカイン ゴティア Kain Gotya という白地に黒の線が入った布と、護身用の波状短剣クリス Keris をさすために巻きつける帯サブック タブアン Sabuk Tubuan を身につける。この帯は、男性の帯として、子どもから大人まで共通して用いられている。

《ルジャン Rejang》

プラン パンダンの同日に、村の寺院の境内で奉納舞、ルジャンが捧げられる。テゥンガナン村には、外壁があり、壁の外と中では、同じテゥンガナンに属していても、扱いが異なる。

壁の中に住む者は、生粋のバリ アガと呼ばれており、壁の中の人同士で婚礼が行われる。壁の外に住む者は、外から来た人との混血なので、伝統衣装グリンシンの身に着け方も異なる。ルジャンのダンスに参加出来るのは、壁の外に住む未婚の娘達であり、グリンシンは、胸衣で用いる一枚だけが許されている。寺院の境内で、あたかも神が舞い降りてきたかのような小さな子ども達も奉納舞に参加する。きらびやかに、ゆったりとした至福の時間が流れ出し、祝福されながら優雅に舞う。

《アユナン Ayunan》

修復を繰り返しながら伝承されている木製の観覧車アユナン。アユナンは、インドネシア語でブランコの意味。テゥンガナン村の暦の5ヶ月目に当たるサシ サンバ Sasih Sambah の日、村の中央にこの儀式の日のためだけに、アユナンが設置される。

この儀礼は、プラン パンダン Perang Pandan、ムカレ カレ Mekare Kare の前日に行われる。儀式に臨む前に各家庭で伝統衣装のグリンシンを身にまとい、儀式の無事の祈りをインドラ神（※1）に捧げる。儀式にはこのテゥンガナン村の壁の中に住む、生粋のテゥンガナンの血をひく未婚の少女達と、少年はただ一人だけが選出され、全員が交代で8人乗りのアユナンに乗り、村の若者が手動でアユナンを動かす。前回り、後回り、を1台につき10分程回転させる。人生は、観覧車や車輪のように上がる時もあれば、下がる時もあることを諭し、バランスと調和、子ども達の成長と無事を願って儀式が行われる。木の軋む音はすさまじく、回転が終わる時、順番に地上に降りてくるが、乗っている人が少なくなると空回りを起こすので大迫力に満ちる。

儀礼ムカレカレ

※1 テゥンガナン村では他の村とは異なり「三位一体」と同格に「インドラ神」が崇拝されている。

グリンシン Gringsing

　グリンシンは、ダブルイカット。世界でも珍しい経緯絣は、バリ島のテゥンガナン村で織られている。グリン Gring は病気で、シン Sing は、否定の意味を持つバリ語で、グリンシンは、病気しない、無病息災の意味をもつ。

　バリ島では、グリンシンは、単なるテキスタイルとしての布ではなく、御神体などを包む神聖な儀礼布として、悪霊や不浄な霊、穢れを祓う力を持つと信じられ、病気の治癒のための呪術や、儀式での伝統衣装として用いられる。赤（ブラフマナ神）、黒（ウィスヌ神）、白（シヴァ神）テゥリムルティである神の色が織り込まれていることが多い。（→p.6〜7参照）

グリンシンの出来上がりは輪になっている。切り離して糸を数本ずつひねりながら束ねて結ぶ。これを数段繰り返して完成となる。このフリンジをプリンティル pelintir という。
右上生地：グリンシン ポレン **Gringsing Poleng** 150 × 45

上：テゥンガナン村の胸巻アンテン グリンシン。チュチュンパカンという名前のモチーフ。183 × 22
下：肩掛スレンダン グリンシン。モチーフはワヤン クボ Wayang Kebo。ワヤンは影を意味し、ワヤン・クリというジャワ島やバリ島の人形を使った影絵芝居がモチーフとなっている。6 人のワヤンとともに描かれるダイヤの形は村の 4 つの門を表しその門を 4 匹のサソリが守っている。布の両サイドにはシガディン Srigading の花が織られている。（シガディンの花は右写真）223 × 62

●機織り機の名称

①パンダラン **Pandalan** ……チキリの役割で経糸を固定する棒。

②プレレタン **Peleletan** ……あぜ棒。経糸の順序を保つ。ココナツの木でできている。

③ププンブンガル **Pebungbungar** ……竹製の中筒。経糸を上下に分けた状態にする。

④スラグン **Slanggun** ……綜絖（そうこう）。経糸を一本おきにすくい上げて緯糸を通す空間を作る。

⑤ブリダ **Brida** ……刀杼（とうじょ）。通した緯糸を打ち込むもの。

⑥テゥレック **Tulek**……伸子（しんし）。竹製で両端に針が打ち込んである。左右の織耳に刺し織幅を均一に保つ。

⑦アピッ・アピッ **Apit-apit** ……チマキ。経糸を固定する棒。ココナツの木でできている。

⑧ポル **Por** ……腰あて。チマキに結びつけ、腰に掛けて固定する。

⑨ブル **Buluh** ……ヌキ。竹筒の中に巻いた緯糸が入っていて、杼道（ひみち）に通す。

⑩巻いた糸2種類、絣模様の入った緯糸。織り目を整える道具は水牛やコウモリの骨でできている。

テゥンガナン村男性用の肩掛スレンダン グリンシン アリラン。織り上がりは輪になるが、その輪を切らずにそのまま首にかけて用いる。
230×21

カランガッサム県
アサック村 の伝統儀礼と伝統衣装

帯
ウンパル Umpal
120 × 18
カイン テヌン ラン ラン Kain Tenun Rang-rang、穴のあいた透かし織をランランという。布の大きさ、色はバラエティーに富む。テウガナン村で織られておりアサック村の人が購入する。

女性用胸巻
スレンダン クリック
Selendang Klik
287 × 27

肩掛
スレンダン バティック レンバン
Selendang Batik Rembang
284 × 50

男性用胸巻
スラプット ブラバス
Selaput Brabas
96 × 111

女性用帯
サブック バニュマス
Sabuk Banyumas
3.5 × 540
帯の下にはスタゲン クニン Stagen kuning という黄色の下巻布を巻く。

紋織腰巻
ソンケット カランガッサム
Songket Karangasem
175 × 95

紋織腰巻
ソンケット カランガッサム
Songket Karangasem
167 × 104

●伝統衣装

　アサック村の伝統儀礼での腰巻は、紋織ソンケット、絣織エンデックがあり、そのどちらかを着用する。特徴は、バリ島でも唯一黒い帯に小さなスパンコールが施された細長い帯サブック バニュマス Sabuk Banyumas を身につけること。印金された孔雀の羽のモチーフの胸巻スレンダン クリック Selendang Klik を巻く。

横挿し
ブンガ スマンギ Bunga Semanggi
5 × 15

前挿し
ウンパック ウンパック Empak-empak
21 × 11
下のヘアピースはプスン ンガダン Pusung Ngadang（サイズ：8×31）。
上部には横挿しのブンガ スマンギ Bunga Semanggi 2本がささっている。

　髪飾りは、土台となるヘアピースプスン ンガダン Pusung Ngadang に、地毛を巻きつけ、かんざしを挿せる場所を作る。金の小花をあしらった大きな前挿しウンパック ウンパック Empak-empak、額のきわに、プティティス Petitis をティアラのようにのせ、その中心に、ブンガ パチェック Bunga Pacek 、耳の横にブンガ レンテン Bunga Renteng の飾りをさす。

　ブンガ アンジェル Bunga Anjel は、一番背の高いかんざしで中央に挿す。後挿しに、横に細長いかんざしジャバン Jabang を、一直線にさす。

後挿し ジャバン Jabang
6 × 37

前挿し
プティティス Petitis
6 × 26

耳の横に挿すかんざし
タジュック Tajug
4 × 11

中央に挿すかんざし
ブンガ パチェック
Bunga Pacek
8 × 12

中央に挿す
小花をあしらった
背の高いかんざし
ブンガ アンジェル
Bunga Anjel
5 × 32

　ヘアースタイルは2種類あって、金のかんざしを用いるものと生花を使うものがある。生花は、ジュプン（フランジパニのお花）を用いる。

　ジュプンのスタイルでは、土台をバナナの葉っぱで作り、ジュプンの生花でお花の冠を作り上げる。後ろ髪に挿す生花をあしらったお飾りも複雑で手が込んでいる。

　花びら1枚1枚をヤシの葉の軸に通して並べたものや、一輪ずつ花に切り込みを入れて、バリに自生するヤシの木ロンタールの葉を細く切って紐状にしたものに通したお花のレイを作り、後ろ髪のお飾りにする。生花なので日持ちがしないため儀式直前に仕上がるように、準備を進める。ルジャン Rejang 奉納舞のために徹夜で村人によって手作りされこともある。

奉納舞

（左）ジュブンスタイルの儀礼。
（下）アサックのジュブンスタイルで胸巻として用いる布。
カイン テヌン ランラン Kain Tenun Rang-rang 117 × 107

●伝統儀礼

　アサック村の未婚の娘が各家で身支度をすませ、村の寺院の周辺に集まり始める。この村の女性達は儀式でも薄化粧で、バリ島の中でもとりわけ肌が白くキメが細かい。

　寺院の境内では、村の男達が祭りの準備のために土を掘り、木を地面に立ててゲートを作る。この緑木のゲートは、境内の両端に配置され、奉納舞**ルジャン Rejang** はこのエリア内だけで行われる。

　寺院に入る前に聖水を振りかけてもらう。境内では親族がお供えの供物を並べ始める。大きな**バビグリン**（豚の丸焼き）は棒付きで、二人

の男性の肩に担がれながら、何頭も運ばれてくる。棒を壁にぶつけてバビグリンを外れやすくし、その後で棒を取り除き供物用の台にのせる。祭壇の前に飾られるお飾りの形は非常に特徴的で、他の村では見ることが出来ない。ガムランの演奏が始まる。ガムラン楽器は、**スロンディン**と呼ばれ独特の音色がする。

耳の横に挿すかんざし
タジュック Tajug
5 × 5
ジュブンスタイルで使用

後挿し
ブンガ サンダット Bunga Sandat
8 × 15
ジュブンスタイルの後挿し

26

（左）境内のお飾りと奉納舞
（右）供物バビグリン

村娘が一斉に寺院の門から入場する。僧侶による経があげられ、ガムランの音色が響き渡る。踊り始めるまで気が満ちるのをただひたすら待つ。風が舞うように、穏やかな動きで、片方の手に肩掛スレンダンを揺らしながら舞う。約15人が3列になって、自分より後ろの踊り手さんの帯を持って前進しながら踊る。一番先頭の人から境内の前方に進み、踊り終えたら、一気に一番後ろまで下がって行って、自動的に次の踊り手が前に出るようになる。一番後ろになった時は、踊らずに次の人が帰ってくるまで静止して待つ。

右側の女性が、バティック レンバンを帯、肩掛けとして使用。

ジュプン（生花）の冠
オンガル オンガル ジュプン
Ongar-ongar Jepung
15 × 43

前挿し
ブンガ ジュプン Bunga Jepung
2.5 × 38

かんざしの土台のヘアピース
プスン ンガダン Pusung Ngadang
13 × 34

前挿し
プティティス Petitis
6 × 26

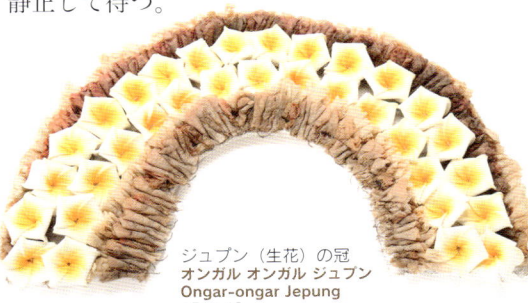

後挿し
サングル キパス
Sanggul kipas
13 × 26

後挿し
ブンガ ジュプン
Bunga Jepung
5 × 40

※実際の儀礼では、ジュプン生花を使用する。

スレンダン バティック レンバン
Selendang Batik Rembang
シルク手描きバティックの肩掛。テウンガナン、アサック両方の伝統村の儀礼で用いられるアンティークの貴重なもの。
（→ p.13 参照）284 × 50

カランガッサム県
ボンガヤ村の伝統儀礼と伝統衣装

男性用帯
カイン サンペア
Kain Sampea
164 × 25
筒状の輪になっている。

帯
スレンダン クニン
Selendang Kuning
10 × 200
一般的な帯を使用

女性用肩掛
カイン サンペア
Kain Sampea
147 × 24
端を切り離して1枚
の布になっている

化粧巻
サプット カラ
Saput Karah
120 × 95
男女共通

腰巻（下巻）
カイン テヌン ヌガラ
Kain Tenun Negara
192 × 98

腰巻（下巻）
ソンケット カランガッサム
Songket Karangasem
184×197

下巻の布は、バリの手織物エンデック（絣織）、
ソンケット（紋織）、テヌン（手織物）であ
れば自由。本書では男性にヌガラの手織物、
女性にカランガッサムの織物を使用。本書で
の女性の下巻はブドウのモチーフ。

儀礼に向かう男性。波状短剣ク
リスをさす帯は、黄色のサンペ
アで結ぶ。胸巻はサプット カラ
赤色。

◉伝統衣装

　ボンガヤ村では、黄色い布カイン サンペア Kain Sampea は人生を共にする布、命の布とも呼ばれ、何かあった時に生涯守ってくれると考えられている。もし病気になった時は、この布で浄めることで病状が軽くなると言われている。

　この黄色い布サンペアは、男性用は筒状に輪になっていて、女性用は一枚に切り離した形になっている。女性は肩掛として共に儀式の時にまとう。男性は胸の位置で帯のようにとり、護身として波状短剣クリス Keris を背中に挿す。

　赤い腰布サプット カラ Saput Karah は、男女共同じデザインを用いる。この布は手刺しでステッチが全面に施されており、裏から見ても非常に楽しい布で、玉結びはなく返し縫いだけで糸の始末がされている。寺院のお祈りで床に座る時、女性はひざまずき、男性は胡座姿で、このサプット カラの赤い腰布を直接お尻で踏んでしまわないように、座る時に少したくし上げる。地面に直接当たるのは下巻きの布になるように気をつけており、この布は着る人にとても丁寧に扱われている。

女性用冠
グルンガン プレド
Gelungan Pledo
40 × 40
金の飾りはそれぞれ着脱可能。

前挿し
ブンガ オンガル
Bunga Onggar
6 × 6 × 17
右の写真は一部アップ。細かく薄い素材を幾重にも重ねた構造。

　女性用のブンガ オンガル Bunga Onggar は、他に類を見ない繊細なかんざしで、何枚もの層状に重ねた細かい羽のような薄いものを、丸い円状に貼り合わせたもの。これを前挿しに用いて、その後ろ側に大きなグルンガン プレド Gelungan Pledo を飾る。後髪には、紙で出来たプスン ガトン Pusung Gaton（ブンガ スロンボヤン Bunga Serombyong）のお飾りと金のかんざしブンガ サンダット Bunga Sandat をつける。

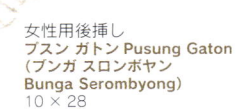

女性用後挿し
プスン ガトン Pusung Gaton
（ブンガ スロンボヤン
Bunga Serombyong）
10 × 28

●伝統儀礼

男性も女性も、境内で踊り始める前に、先に僧侶に浄めてもらい寺院で祈りを捧げる。儀式で踊る時は、女性は女性だけの輪を作る。男性は、別の場所に座って待機したり、ガムラン楽器の演奏を担当している。

踊りの輪の中に入れる女性は 10 歳以上で、結婚していないこと。年齢を重ねても結婚できなければ、男性であっても、女性であっても、一生涯この村の儀式でこの伝統衣装を身につけて踊りの輪に参加し続けなければならない。輪を作る並びは、背の順ではなく年齢の順番。村で一番年上の未婚女性が先頭に並び、順に若い人になり、一番後ろにはあどけない表情の少女達がくる。こうして村の未婚者が全員年齢順に見事に並ぶ。踊る時にひとりずつタバコの葉を白い糸で巻いてとめた供物を手渡しされ、胸の下に巻いた帯に挿す。踊り子の都合で踊り始めたり踊り終わったりするのではなく、伴奏のガムラン音楽スロンディンが鳴り続くかぎり輪になって延々踊り続ける。

ガボンガン Gebogan の供物は、バリ中の祭りの際に見ることができるが、ボンガヤ村のガ

ボンガンは 2 m を超えるものもあり、バリ島一の高さと言われている。

供物を運んでいる人の背丈と同じ位の高さがあるので、供物を運ぶ時の行列は大変見応えがある。

ガボンガンは果物やお菓子、生花のお飾りが高く積まれたもので、運ぶ時に落下しないように、お供えを置く木製の器デゥラン Dulang の中央の軸（バナナの幹を切ったもの）に、それぞれの供物を串で刺してとめる。運び込まれた供物は一晩中、境内に置かれる。儀式小屋のバレでグリンシンの布に祈りが込められ供物が捧げられる。後でその祈り終えた布をまとって踊る。

儀礼にて聖なる灯火

供物を持って境内に向かう人々

供物（ガボンガン）を捧げる祭りの行列

神聖な気が満ちるのを待つ

　真夜中に近付くと、さらに神秘的な儀礼が行われる。村の代表者の男性が、祈りを捧げ、真っ暗闇の中でたった一つの灯火で聖なる光が生まれる。そして神と共に過ごす時間が始まる。

　最初に、僧侶によってお経があげられる。お供物が聖水で浄められる。

　ガムラン スロンディン Gamelan Selondingの演奏が始まる。舞はまだ始まらない。傘をもった女の子2人、槍をもった男性2人が、立ったまま完全に静止状態を維持している。すべてがスローモーションで、時が止まったかのような時空が流れ出す。

　お線香。香の香りが立ちこめる。合同祈祷が灯火を囲んで始まる。

　老女が傘を持って、驚くほど軽やかに舞を始める。日中、輪になって踊っていた伝統衣装の女性達が、今度はひとりずつ祭壇で、浄められた**グリンシン**の布と供物を受け取り、境内に降りて来て灯火の周りで踊る。右肩に供物をのせて、左手をゆったり伸ばし、少し上に持ち上げたり、ゆっくり下ろしたり、左の足にスライドさせるように体重移動。単調な動きの繰り返し、踊るというより、舞手の意思ではなく、何か乗り移っているかのように、空間に溶けているような動き。

　女性が踊り始めるごとに、関連する親族の人が集まってきて踊っている女性を取り囲むように座り、各自お祈りを捧げる。踊りを踊っている間ずっと、お祈りに使う澄んだ音色の金剛鈴**グンタ Genta**（→ p.64 参照）を鳴らすのは、高齢の女性である。白い布を高僧**プダンダ**のように巻いている年配の女性は、村におけるステータスが高い。何歳になっても村での大切な役割がある。この儀礼は朝から始まり、夜を徹して翌朝まで続く。

　いつ始まるかわからない儀式を待つ村の人々。小さい時から赤ちゃんもこの状況に慣らせるので、耐久力、忍耐力がつく。乳幼児は母の胸に抱かれて儀式に臨むので、少し大きくなってから大勢が参加する村の祭りで一人でいても怖がらない。村の中での自分の役割位置や村の一員であることを、小さいながら理解している。

　たった一つの灯火の中で、信じられないほど平和で穏やかな至福の時間が流れている。

バリ年中儀礼 伝統的な暦と祭り

その日、人々は一斉に正装衣装に身をつつみ、儀式**ウパチャラ Upacara** に臨む。バリ島では、ウク暦という暦を使い、210 日で 1 年を刻む生活のリズムや季節感が、生活感覚の基本となっている。暦の節目ごとに儀式や祭りが執り行われ、それによって時の流れを体感する。バリの伝統文化を根底で支えているものが正装衣装と、そしてこの暦である。

◉ウク暦とサカ暦

バリ島には 2 種類の伝統的な暦、**ウク暦 WUKU** と呼ばれる暦と、**サカ暦 SAKA** と呼ばれる暦を併用している。ウク暦は、異なった周期の週が複雑に重なり合い、その重なり具合で日の吉凶を割り出す。

例えば、3 日で一巡りする週のうち、**カジャン Kajen** の日と、5 日で一巡りする週のうち**クリウォン Kliwon** の日が重なる**カジャン クリオン Kajeng Kliwon** は、15 日ごとに巡って

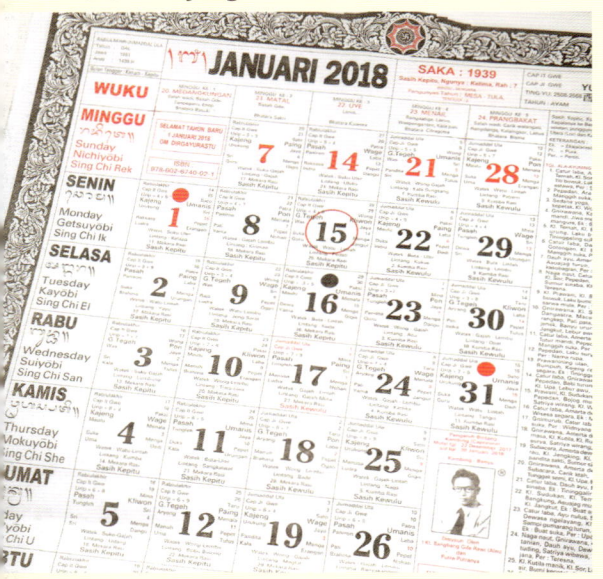

バリの各家庭に必ずあるというウク暦のカレンダー。びっしりと書かれているのは、日々行われる祭りのこと。

くる。この日は、霊力が高まる日とされているので供物を捧げる。その他にも 7 日で一巡り、6 日で一巡りの週などの関わりで、家を建てるのに良い日、髪の毛を切っても良い日、井戸を掘るのに良い日、田植えを始めるのに良い日、事業を初めるのに良い日など、事細かに決まっている。

一方のサカ暦は、月の満ち欠けを基本とした日本の旧暦に近いもの。満月と新月の日が特別な日とされ、供物の量が普段の倍になる。満月の日はバリの正装衣装**クバヤ**（→ p.8 参照）で寺院にお参りする。サカ暦の一番大きな儀礼は、バリ島の新年**ニュピ Nyepi** で、西暦でいうと 3 月頃に行われる。

バリカレンダーは、各家庭に必ず用意され、寺院ごとの祭りである建立祭**オダラン Odalan** などが書き込まれているので、これなしでは生活できないほど。この暦を見ながら、次の祭りの準備をいつも考えなくてはいけない。材料を調達し供物を作ったり、新しい衣装を作ったり、村の共同作業にも出かける。

暦に添った儀式や祭りで、正装衣装に身を包むことも、生活に「ハレ」と「ケ」のメリハリをつける非常に大切なこと。

暦を紐解くのは非常に複雑な為、大きな儀礼をする時は、専門の知識を持つヒンドゥー教の高僧**プダンダ Pedanda** にお伺いをたてる。また呪術的なものは**バリアン Balian** に相談する。

◉バリ島の5つに分類される儀礼ウパチャラ Upacara について

ウパチャラ Upacara は、儀礼や儀式の総称。ウパチャラ パンチャ ヤドニャ Upacara Panca Yadnya（パンチャ＝5の意味で、ヤドニャ＝神聖な儀式を表す）といい、5つに分類されている。教義上の説明で実際の儀礼に則していない場合もある。

デワ ヤドニャ Dewa Yadnya	デワ＝神様の意味。神様に対する儀礼＝ヤドニャ。210 日に 1 回のサラスワティの儀礼（ウク暦）など
ブッタ ヤドニャ Butha Yadnya	地下に棲む悪霊ブタ カラ Bhuta Kala に対する儀礼。土地の浄化、お祓い、供物をブタ カラに供える。ブタは、悪霊で、カラは、時空、自然、エネルギーの意味をもつ。バリ島の新年（サカ暦）など
マヌシャ ヤドニャ Manusa Yadnya	人間に対する儀礼。生後 42 日、3 ヶ月、6 ヶ月、ポトン ギギ（削歯儀礼）、婚礼など
ピッタ ヤドニャ Pitra Yadnya	亡くなった人に対する儀式。アベン＝葬儀
レシ ヤドニャ Resi Yadnya	司祭になるための儀礼

新年ニュピを迎えるための供物サイバン
Saiban108個が家の前にお供えされる。こ
の供物は、白いご飯だけのもので、スゴハン
（→ p.75 参照）とは違い、1 年に一度作ら
れる特別なもの

新年の夜、人々は無音の中で
新たな年を祝う

Nyepi

◉ニュピ Nyepi（サカ暦）
バリ島の新年

　サカ暦で祝うバリ島の新年ニュピ Nyepi を迎えるにあたって様々な伝統儀礼が行われる。

　ニュピの前日に、島中をあげて最大に行われる儀礼ウパチャラ ングルプック Upacara Ngerupuk は、怖い悪霊をかたどったオゴ オゴ Ogoh-ogoh と呼ばれるハリボテで行列し、悪霊を追い払うというもの。松明を灯し、村ごとにオゴ オゴを作って担ぎ、ガムラン楽器を打ち鳴らし、村中を練り歩く熱気ムンムンの大迫力。子どもが担ぐオゴ オゴは、子ども達自身が作ったもので、夕方になると衣装に着替えてこれから担ぐオゴ オゴの前にしゃがんで、意気揚々と出番を待っているのは微笑ましい。各家庭でも、鍋釜やバケツなどを叩いて悪霊を追い出す。

　新年の数日前は、ムラスティ Melasti（→ p.34 参照）の祭り。お寺の御神体を、海岸まで行列を作って運び、海で浄め祈りを捧げる。悪霊に捧げる供物と、新年を迎えるための供物作りで女性達は正装衣装を身にまとい、この時期大忙しとなる。

　ニュピ当日は、瞑想のための静寂の日、火を使ってはいけない。労働と殺生の禁止。テレビ放送もダメ。観光客ですら、灯りの使用は制限され、プールは大丈夫だが、海に入ることも、外出も禁止されている。空港も閉鎖、飛行機の発着すら出来ない。世界でも類をみない珍しい祝日。村では役人が電気をつけていないかチェックに回る。

　灯りが一切使われないと無音になる。聞こえてくるのは自分の呼吸だけ。空は銀河系のようになり満点の星あかり、暗闇は一層暗く夜の海のようだ。この元旦の静けさでバリ島を不毛の地に見せかけ、悪霊を寄り付かせないようにしている。

海に到着する御神体を乗せた神輿

Melasti

海で御神体を浄め、ニュピを迎える準備をする

◉ムラスティ Melasti（サカ暦）
　海で御神体を浄める儀式

　バリヒンドゥー教の新年**ニュピ**の数日前に、穢れを浄め、御神体を浄化するために行われる儀式。正装衣装に身をつつみ、村の**クルクル Kul-kul** という半鐘を合図にガムラン楽器を奏でながら一斉に海に向かう行列を作り、浄めの儀式を行う。

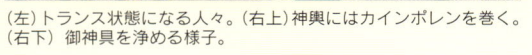

（左）トランス状態になる人々。（右上）神輿にはカインボレンを巻く。
（右下）御神具を浄める様子。

僧侶の持つ聖水ティルタ

ご先祖を迎えるペンジョールはこの時だけの風物詩

Galungan

●ガルンガン Galungan（ウク暦）
　バリ島の盆祭り（迎え盆）

　善が悪に勝利した日、全能の神にして全宇宙の創造主を敬うため、210日に1度巡ってくるバリ島のお盆祭り。竹とやしの葉で出来た門飾りペンジョール Penjor を各家の前に飾りつけご先祖様をお迎えし、正装衣装で寺院へ向い、聖水ティルタで浄めて、供物を捧げ祈る。各村でバロンダンスのバロンが、村中を練り歩き、祭りの雰囲気を盛り上げる。

（右）バロンダンスで練り歩く。
（左）先祖を迎えるため各家に飾られるペンジョール（竹とやしで出来たお飾り）。

●クニンガン Kuningan（ウク暦）　バリ島の盆祭り（送り盆）

　ガルンガンの10日後に行われるのがクニンガンで、先祖の霊を天上界に送り届ける日。この日の正午までに供物を捧げる決まりがある。クニンは黄色という意味で、黄色いクバヤの正装衣装を着る。クニンガンのお飾りはサンピアン タミアン Sampian Tamiang という特別なもので各祭壇につける。祭壇の黄色い傘や、黄色の布も新しいものに取り替える。祠や塔であっても、まるで人間のように飾り付ける。

（左）オートバイクや車にも、タミアンという特別なお飾りをつける。（中央）供物の一部。（右）クニンガンの祭壇。祭壇の中心に飾られているのが、タミアン。黄色いクバヤを着て供物を捧げる。

●プガロシ Pagerwesi（ウク暦）
ガルンガン、クニンガンにつぐ大祭

　パガール Pagar は柵 で、ベシ besi は、鉄という意味。プガロシ Pagerwesi は 2 つの言葉が一つになったバリ語。鉄柵は、悪いものから神々が守ってくれるという意味。この世が平和で平穏な状態を保っていられるよう、悪い行為や邪悪な欲望に惑わされることなく人生を適切に生きる方法を人間に導き諭す日。正装衣装に身を包み盛大な供物を捧げる。

●シワラトリ Siwaratri（サカ暦）
1 年の罪滅ぼしの儀式

　サカ暦の 7 番目の月、西暦の 12 月〜 1 月頃に行われるシヴァ神を称える儀式で、バリ島は祝日になる。瞑想と断食で一晩を過ごし、この日祈ると、1 年の罪滅ぼしが出来ると言われ、人々は沐浴の後、正装衣装で寺院に詣り一晩中祈りを捧げる。お祈りを済ませた後は、海辺に集まり夜を明かす。最近の若い世代にとっては、家公認の外泊デーともなっている。

●サラスワティ Saraswati（ウク暦）
学問芸能の女神を讃える儀式

学問芸能の女神様を讃えるため本（学校）書類（会社）に祈りを捧げる。この日は本を読んだり字を書いたりしない。

　バリ島ウク暦で 210 日に一度行われる。サラスワティはヒンドゥー教の女神、日本では七福神の弁財天にあたる。この日は、サラスワティ女神への敬意を讃える為、読み書きをしてはならず、古文書、教科書、辞書などに供物を捧げる。学校はお休みでも、正装衣装を着て登校し、校内でお祈りの儀式に参加する。会社でも書類やファイルなどを山のように積み上げ、その上に供物を捧げる。女神はアンサ Angsa という聖鵞鳥に乗り（ヒンドゥー教の神々には乗り物がある）、弦楽器ヴィーナ Wina（ルバブ Rebab）を奏で、バリに自生するヤシの木ロンタール Lontar に書かれたヴェーダの聖典と数珠を持ち、蓮の花の上に立ったり傍に携える。瞑想と永遠の普遍的な知識を象徴し、あらゆる学問芸能の精進に崇められている。

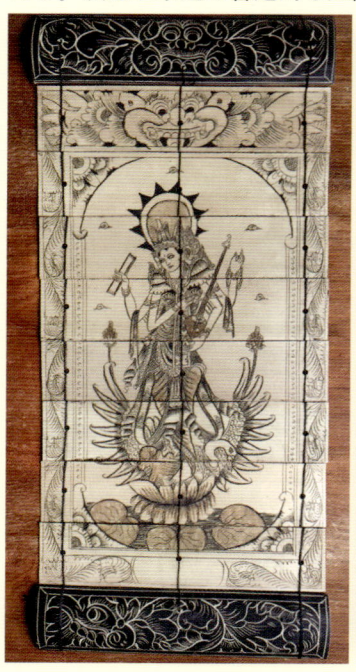

サラスワティ女神像。左の写真はロンタールに描かれたもの。

◉ ムラスパス Melaspas　入魂式

バリでは新しく手にした品々に魂を吹き込む**ムラスパス Melaspas** という儀式がある。寺院の建立、新築の建物、車を手に入れた時など、それがたとえ中古品であったとしても入魂式をして、神様に『新しい物を作りました、手に入れました』という報告をする大切な儀式。入魂式を行った寺院では、その次の日が寺院の建立祭の日**オダラン Odalan** となり、儀礼**ウパチャラ Upacara** では正装衣装を着て供物を捧げる。

バリでは、物も生きている人のように扱われる。車やオートバイク、お金、樹木、家電製品など、ありとあらゆる物に供物の**チャナン Canang**（→ p.74 参照）を捧げる。

◉ バニュ ピナル Banyu Pinaruh　お浄めの儀式

バニュピナル BanyuPinaruh は、**ムルカット Melukat** とも呼ばれる。儀式に臨むための禊として行う場合と、何か体に不調がある時に厄払いのような意味合いで聖水**ティルタ Tirta** を用いて浄める。

実際に水をかぶる時は、腰巻だけになるが、正装衣装で臨む。海、湖、聖なる湧水は、**ティルタ アムルタ Tirta Amrita** といい、聖なる命の水とされている。バリヒンドゥーが聖水教と言われる所以でもある。

沐浴して浄める。
（タンパクシリンにあるティルタウンプル寺院にて。）

◉ テゥンパック ランダップ Tumpak Landep　鉄製品に感謝を捧げる祭礼日（ウク暦）

古来から**パンデ Pande** という特権階級があり、一つのカーストを形成している。火や鉄といった神聖な元素を扱っても無事でいられるだけの霊力をそなえている選ばれた氏族で、代々その子孫のみが受け継いでいける仕事とされている。それに関わる氏族が行う盛大なお祭りを**テゥンパック ランダップ Tumpak Landep** という。鉄製品、金属で出来ているもの、波状短剣**クリス Keris** や儀礼**ウパチャラ Upacara** で使われる装飾品、ガムラン楽器など、各分野で専門職があり、ただの物ではなく、それぞれが神聖**サクティ Sakti** で特別な霊力**サクラル Sakral** を持つとされている。

現在では、特別な鉄製品以外の日常の家庭用品、例えばオートバイク、車、コンピューターなどにも、供物を各家庭で捧げる。

（上）ランダップ用の供物一式。車のエンジンをかけて、わざわざタイヤで供物を踏ませる。受け取ったという印。
（左）車も生きているかのように新しい布をかけ供物を捧げる。

バリの婚礼衣装
&伝統衣装

バリ島にはかつて王国があり、その名前が県名として残されている。クルンクン、タバナン、カランガッサム等、これらはそれぞれの各王宮スタイルの婚礼衣装として現在も残されている。

各県ごとに最上階級 パヤス アグン Payas Agung、中流階級 パヤス マディア Payas Madya、下層階級 パヤス ニスタ Payas Nista の３つの種類の婚礼衣装がある。パヤス Payas とはメイクアップやドレスアップ（化粧＆着付）の意味。ブサナ Busana は衣装、装束、ファッションをあらわす言葉なので、ブサナ パヤス アグン Busana Payas Agung と表現すると、最上級の婚礼衣装の意味。階級ごとに衣装と着付け方、使う装飾品が違うので新郎新婦の階級にあったものが用意される。

婚礼衣装は西洋のようにファスナー付きのドレスの形をしているのではなく、布を巻きつけて着付けるスタイルなので、基本的に誰でもオーダーメイドしたかのような仕上がりになる。

マディア階級の婚礼衣装（→ p.48 参照）

◉バリ人の階級と名前の特徴

バリでは、生まれてくる子どもの順番ごとに第４子まで名前がある。第５子は、また第１子と同じワヤン Wayan に戻り、第６子はマデ Made というように繰り返される。子どもの独自の名前は、順番ごとの名前の後ろにつけられる。

バリ島民の 90％ はスードラ階級。バリ人の名前を見れば、階級ごとに敬称が異なるのですぐに見分けがつく。最近は新しく敬称にとらわれない名前の付け方をしている人もいるが、平民が最上階級や別の階級を名乗ることはできない。結婚すると、女性は高い階級の男性と結婚すればジェロ Jero という敬称が入る。もし低い人と結婚すれば、女性の階級は平民に落ちる。また女性の生家にあるお寺には入れなくなり、里帰りした時に、たとえ同じ家族でも最上敬語で話さなければならなくなる。なお、カーストはあるがインドのように職業の制限はない。

《バリヒンドゥー教４つの階級カーストの敬称の違い》

ブラフマナ　司祭	イダ バグース Ida Bagus（男性） イダ アユ Ida Ayu（女性）
クシャトリア　貴族・王族	アナック アグン Anak Agung
ウェイシャ　特権階級	グスティ Gusti
スードラ　農民	イ I（男性） ニ Ni（女性）

《第何子目かにより違うバリ人の名前》

第１子	ワヤン Wayan または　プテゥ Putu
第２子	マデ Made
第３子	カデ Kadek または　コマン Komang
第４子	クテゥット Ketet

バリ人の名前の例：男性　I Made Sukarata　イ マデ スカラタ　スードラ階級で第２子の男性スカラタさん

女性　Ni Putu Sri　ニ プテゥ スリ　スードラ階級で第１子の女性スリさん

カースト　何子目か　個人の名前

婚礼の化粧について

バリの花嫁は、婚礼衣装を着ている時間が非常に長いため、ほぼ丸一日メイクが崩れないように化粧下地は入念。前日は、顔剃り、眉のお手入れ、ボディには、ルルール Lulur（ボレ Boreh）という、体を艶やかに保つペーストを入浴時に体にこすりつけて使う。肌の状態を整え香りも良くなる。

髪の毛は、婚礼時にスミ Semi とよばれる伝統的な髪を固めるものを使い、耳の後ろにかけてサイドの毛を固め、ちょうど耳たぶの後ろの高さで切り落とす。

メイクを始める前にまずクレンジングをし、その後、冷たいおしぼりで皮膚をクールダウンさせる。化粧水、下地クリームで整え、ファンデーションはカバースティック、リキッドファンデーション、白粉の順にのせていく。オレンジ系の健康的な肌色に仕上げ、チークは、ピンク系で大きめに入れる。

目元は、クリーム状のアイシャドーを塗った後に、上からパウダー状のゴールドのアイシャドーをまぶた全体に、さらにその上にオレンジをのせる。目尻には、ブルーまたはグリーンのハイライトを入れ、黒のリキッドアイライナーで目のキワに長めにラインを引く。目の下のラインは、ペンシルで描きこむ。コントラストの強い色の組み合わせで目元が大きく、はっきりと強調される。

眉毛は、黒のペンシルでしっかり眉山をつくり、中心は幅をもたせ弓なりに描く。口紅は真紅でぽってりとした口元に仕上げる。額には、スリナテウ Serinata といわれる額の生え際に描くラインを黒いペンシルで描く。こうすると髪の毛の生え際と額が美しく見える。

仕上げに赤い点を眉と眉の間に口紅で描く。これは第三の眼であり、これによって神のご加護が受けられると考えられている。花嫁はボディーにもファンデーションを入念に塗り、仕上げに少しゴールド系のパウダーをはたく。

男性もファンデーション、眉、口紅を薄くひき、眉と眉の間に赤い点を描く。

化粧は、神の前に出るための身だしなみで、神秘的な顔もとに仕上がる。

（左）婚礼のメイク。アグン階級の婚礼。（右上）アイシャドウ（プレストタイプ）。左下はバリ舞踊レゴン ダンス用。それ以外は婚礼用。
（右下）ブライダルメイク用のアイシャドウ（パウダータイプとクリームタイプ）。ゴールド系はオールマイティに使える。

クルンクン県
クルンクン王宮スタイルの婚礼衣装

男性用ジャケット
バジュ ブロッドロウ
Baju Beludru
着丈 74.5

帯
スレンダン ソンケット
Selendang Songket
210 × 24
スレンダンの下にはサ
ブックプラダを巻く（表
に見えない）

首飾り
バドン Badong
34 × 40

ベルト
プンディン Pending
10 × 85

ベルト
アンポ アンポ
Ampok-ampok
25 × 90

腰飾り
サブック モンテ ブラン
Sabuk Monte Bulang
120 × 10

紋織化粧巻
カンプ ソンケット
Kampuh Songket
182 × 98

腰帯
スレンダン ピンク
Selendang Pink
242 × 22

紋織下巻
カイン ソンケット
Kain Songket
99 × 195
モチーフは、魔除けの
シンボルのボマ Boma。
ボマは良い意味のシン
ボルで魔物や怪物では
なく、女神プルティウィ
を母に持つ大地の息子。
ボマは、織物のほか、
寺院のレリーフ儀礼用
品にも取り入れられて
おりボマから恩恵を受
け取れるよう願う。
縁の三角形のモチーフ
はステゥーパ。ステゥー
パとは仏塔のこと。

紋織腰巻
カイン ソンケット
Kain Songket
182 × 110

女性用印金下巻
タピ プラダ Tapih Prada
215 × 142

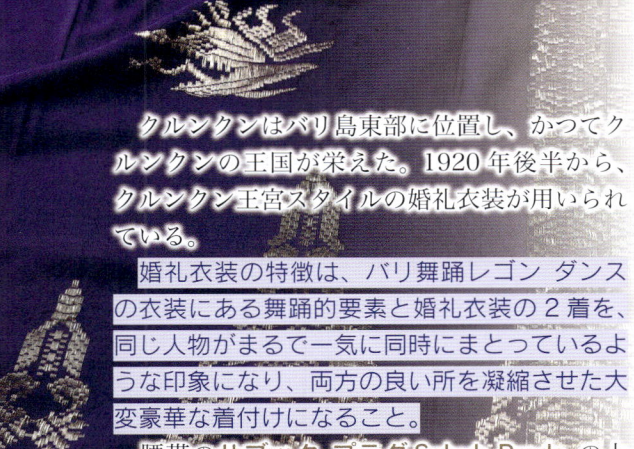

クルンクンはバリ島東部に位置し、かつてクルンクンの王国が栄えた。1920年後半から、クルンクン王宮スタイルの婚礼衣装が用いられている。

婚礼衣装の特徴は、バリ舞踊レゴン ダンスの衣装にある舞踊的要素と婚礼衣装の2着を、同じ人物がまるで一気に同時にまとっているような印象になり、両方の良い所を凝縮した大変豪華な着付けになること。

腰帯のサブック プラダ Sabuk Prada の上に、胸巻としてさらにスレンダン ソンケット Selendang Songket を巻き、ビーズの刺繍のあるサブック モンテ ブラン Sabuk Monte Bulang を腰の所に巻く。ピンクのスレンダン ピンク Selendang Pink は左右に垂らしておく。

着付け方法も、婚礼用でありながら、バリのレゴンダンサーのように、サブックプラダ Sabuk Prada の帯を、下から上に巻く。婚礼用の場合は、通常では上から下に巻くので、この巻き方は、他のエリアでは見られないもの。

下巻は、女性も長く床に届くように前に垂らし、指でつまんで持つ。巻き物が長いことで、位が高いことを表す。その上にソンケットの腰巻を、ダーツを少し内側にとって巻く。婚礼用の金のベルトプンディン Pending と、舞踊用の腰飾りアンポ アンポ Ampok-ampok（皮革で出来たもの）を両方ともつける。つまり2本もベルトをつける。

最上階級が用いるかんざしの後挿しは、聖鳥のガルーダ ムンクル Garuda Mungkur で、顔の部分と尻尾の部分、羽の部分とパーツが分かれている。このようなかんざしは、クルンクン王宮スタイルだけで用いられている。

白いチュンパカの花25本は、ガルーダの後挿しの羽の上にさらに飾られ、鳥の羽の部分の役割をして鳥全体をあらわす。その上に土台のヘアピース プスン ンガダン Pusung Ngadang が見えないように、黄色いチュンパカの花35本を挿す。

ブンガジュプン（フランジパニ）の香り高いピンク色の花弁17本を2セット作り、短冊状に手で切り裂いて、糸を通して花のレイを作り上下2段で髪飾りの一番下につける。

眉間の所の装飾ビンディ Bindi（チュンダナ Cendana）をつける。中央に涙型のものを1つと、左右こめかみには丸形のものを2つ、合計3カ所にはりつける。額の上にのせる前挿しプティティス Petitis は、非常に繊細な装飾がなされている。

フランジパニの生花を細く切り出して飾りを作る

男性の着付けは、下巻きにはプラダではなく、ソンケットを用いる。その上に別のソンケットを胸巻として巻きつける。ジャケットは、ベルベットの素材に金のプレートをつけたもの。冠の形は、クルンクン特有の王族のスタイルを表している。

首飾り
バドン Badong
34 × 40

金のかんざし
ブンガ サンダット
Bunga Sandat
14 × 27
17 本使用

生花ヘアーセット

横挿し
ブンガ スマンギ
Bunga Semanggi
（ブスポ レンボ Puspa Lembo）
4 × 15

ヘアピース
ブスン ンガダン
Pusung Ngadang
12 × 25

男性の冠
グルンガン アグン プリ クルンクン
Gelungan Agung Puri Klungkung
23 × 25 × 23

一番高い位置に挿すかんざし
ブンガ カップ Bunga Kap
16 × 32
前後合わせで 2 本を飾る

男性の冠の後面部分

花類は実際の婚礼では生花を使用する

チュンパカ黄色
ブンガ チュンパカ クニン
Bunga Cempaka Kuning
10 × 8

バラの花
ブンガ マワール
Bunga Mawar
5 × 5

チュンパカ白色
ブンガ チュンパカ プティ
Bunga Cempaka Putih
10 × 8

腕輪（二の腕用）
グラン カナ Gelang Kana
8 × 21

黄色の小花前挿し
ブンガ サリ コンテ
Bunga Sari Konte
1.5 × 1.5
9本使用

前挿し
プティティス Petitis
10 × 26

腕輪（手首用）
グラン ナガ サトル Gelang Naga Satru
12 × 12

前挿し
ブンガ バンチャンガン
Bunga Bancangan
25 × 25

第三の目の位置と
左右こめかみに貼る装飾品
ビンディ Bindi
（チュンダナ Cendana）
丸型 2 × 2、逆雫型 1.5 × 2

女性後挿し
ガルーダ エコール Garuda Ekor
11 × 19
ガルーダの尻尾の部分

後挿し
ガルーダ ムンクル
Garuda Mungkur
10 × 20

女性後挿し
ガルーダ サヤップ Garuda Sayap
10 × 18
ガルーダの左右の羽根の部分

ベルト
プンディン Pending
9 × 111

ベルト
アンポ アンポ
Ampok-ampok
25 × 90

43

カランガッサム県
カランガッサム王宮スタイルの婚礼衣装

男性用ジャケット
バジュ ブロッドロウ
Baju Beludru
着丈 74.5

首飾り
バドン Badong
35 × 35

女性用肩掛
スレンダン バンシン
Selendang Bangsing
257 × 22

ベルト
プンディン Pending
10 × 85

女性用帯
カイン ストラ ピンク
Kain Sutra Pink
32 × 303
ピンクのシルク布

紋織腰巻
ソンケット カランガッサム
Songket Karangasem
186 × 98
モチーフのカンクン（空芯
菜）はバリでとても親しま
れている野菜。
布をたくし持っているよう
な形にギャザーを取り内側
をピンで留める。

紋織化粧巻
カンプ ソンケット
Kampuh Songket
97 × 167

絣織と紋織の下巻
カイン エンデック ソンケット
Kain Endek Songket
167 × 103

女性用印金下巻
タピ プラダ
Tapih Prada
133 × 140

ゲルゲル王朝時代、バリ島東部に位置するカランガッサムは、お隣のロンボック島を統治下に置くほど最も勢力があった。

当時の、カランガッサム王宮 Puri Agung Karangasem、離宮ウジュン Ujung やインドのガンジスの水を意味する庭園ティルタ ガンガ Tirta Gangga など、かつての栄華をほこる建物が今でも残されている。王室があったことから交易も栄え、海外からインド、オランダ、中国などの建築様式もみられる。バリの伝統衣装もその影響を受けている。

謁見の時に、海外の王から贈られたベルベットの生地やシルクは貴重なものであった。王家は

ヨーロッパの影響を受け、ベルベットの黒いジャケットの襟元と袖口を金のプレートで装飾し、西洋式ジャケットスタイルを取り入れている。

女性が、ピンクのシルクの布を帯として用いるのは、他のエリアにはないものである。

ヘアースタイルの特徴は、すべてのかんざしが、他のエリアに比べてかなり大ぶりなこと。前挿しの花かんざしのウンパック ウンパック Empak-empak や耳の横に挿すタジュック Tajug。頭の後方部をぐるりとかぶせるように、輪にして飾り付けるブレンケール Belengker は、特有のもの。後挿しに丸い形のチュチュック Cucuk を使う。首飾りバドン Badong もべ

花かんざし
前後につける
実際には生花使用

チュンパカの花

クナンガの花

赤いバラ

首飾り
バドン Bodong
35 × 35

髪飾り
ブレンケール
Belengker
5 × 51

男性用冠
グルンガン アグン プリ カランガッサム
Gelungan Agung Puri Karangasem
21 × 21 × 21

花かんざし
ウンパック ウンパック
Empak-empak
15 × 25

ベルト
プンディン Pending
10 × 85

後挿し
チュチュック Cucuk
10 × 15

ヘアピース
プスンガン アグン Pusungan Agung
（グルト アグン Gerto Agung）
13 × 28

かんざし
ブンガ サンダット
Bunga Sandat
10 × 28

ヘアピース
アティ ササック
Ati Sasak
5 × 22
前髪を高く上げるので、アティ ササックを中に入れて髪の毛を上からかぶせて盛り髪にする。

耳の横に挿すかんざし
タジュック Tajug
5 × 15

かんざし
ブンガ スマンギ Bunga Semanggi
（プスポ レンボ Puspa Lembo）
27 × 4

ルベット張りである。

　着付けの仕方もユニークで、女性の腰巻の**ソンケット カランガッサム Songket Karangasem** はただ巻きつけるのではなく中心に少しギャザーをよせて、ピンで止める。肩掛は、**スレンダン バンシン Selendang Bangsing** という織物を胸のまわりで一周させてからダーツをとり、真後ろでエビの尻尾を巻き上げるように形を作る。

　カランガッサムは、**シデメン Sidemen** の町が**ソンケット**（紋織）の産地として有名である。**ソンケット カランガッサムは、金糸、銀糸、色とりどりの文様も華やかで婚礼衣装には欠かせないものである。**（→ p.14 参照）

　この王宮スタイルの着付けは、カランガッサム地方を代表する婚礼衣装であり、2005年以降、他のエリアでは、このスタイルを現代風にアレンジした階級にとらわれない新しいスタイルも流行し始めている。

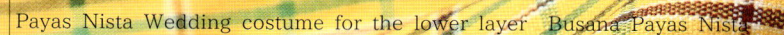

バデゥン県　デンパサール

ニスタ階級の婚礼衣装
（下層階級）

　パヤス ニスタ Payas Nista はニスタ階級の婚礼衣装で、ステゥルハナ Sederhana とも言いシンプルで質素・地味という意味合いを持つ。
　髪の毛は、サングル バリ Sanggul Bali（→ p.9 参照）に結い上げる。かんざしはブンガ サンダット Bunga Sandat とブンガ スマンギ Bunga Semanggi、ブンガ カップ Bunga Kap に生花のチュンパカ黄色３本、白色３本と、バラの花を１輪使って仕上げる。また、ブンガ バンチャンガン Bunga Bancangan のかんざし１本と、生花のチュンパカ黄色20本、白色15本、バラの花を１輪で作る場合もある。
　腰巻はプラダやソンケットは用いずに、ポト

ン ギギなどの儀式布として使われるカイン ワリ Kain Wali を巻く。胸巻は、手織物を用いる。スレンダン プランカ ガディン Selendang Pelanka Gading やカイン クリック Kain Crik、スレンダン チャワンガン Selendang Cawangan などを胸元に巻いても良い。
　女性の装飾品はピアスと腕輪のみで、男性はウダン ソンケット Udeng Songket を頭に巻き、右肩に波状短剣クリス Keris をさす。

かんざしの３点セットはバリ正装衣装のヘアセットと同じ。

かんざし
ブンガ サンダット
Bunga Sandat
15 × 22

かんざし
ブンガ カップ
Bunga Kap
10 × 17

かんざし
ブンガ スマンギ Bunga Semanggi
（プスポ レンボ Puspa Lembo）
5 × 15

女性用ピアス
スボン Subeng
1.5 × 3

腕輪（手首用）
グラン ナガ サトル
Gelang Naga Satru
8.5 × 8.5

帯　ウンバル Umpal
233 × 32
スレンダン プランカ ガディン Selendang pelanka Gading を三つ折りにして帯として使用

胸巻
スレンダン プランカ ガディン
Selendang Pelanka Gading
235 × 30
プランカ ガディンの肩掛を三つ折りにして胸巻として着用している。

胸巻
スレンダン カイン クリック
Selendang Kain Crik
20 × 200
カイン クリックの肩掛を１枚布として胸巻として使用

化粧巻
カイン ワリ
Kain Wali
190 × 98

腰巻
カイン ワリ
Kain Wali
190 × 96

手織物下巻
カイン テヌン ヌガラ
Kain Tenun Negara
198 × 103

女性用下巻
タビ Tapih
118 × 135

バデゥン県　デンパサール

マディア階級の婚礼衣装

（中流階級）

女性用印金肩掛
スレンダン プラダ
Selendang Prada
245 × 28

男性用印金帯
ウンパル プラダ
Umpal Prada
9 × 292

印金帯
サブック プラダ
Sabuk Prada
10 × 831

紋織腰巻
ソンケット カランガッサム
Songket Karangasem
170 × 100

男性用紋織化粧巻
カンプ ソンケット
Kampuh Songket
170 × 103

男性用下巻
カイン プラダ
Kain Prada
292 × 105

女性用下巻
タピ プラダ
Tapih Prada
135 × 133

マディア階級パヤス マディア Payas Madya の婚礼衣装では、女性は右側に長く髪の毛をおろすゴンジェール Gonjer（→ p.9 参照）スタイルに結い上げ、後ろ髪に生花をさすヘアピースグルン モディン Gelung Moding を右上に斜めに挿す。マディアの特徴は、前飾りにすべて生花を使うこと（マディアの上半身は→ p.38 参照、チュンパカの生花は→ p.49 参照）。

中心に赤いバラの花、白いチュンパカの花 25 本を扇状にのせ、その上に黄色いチュンパカの花 35 本を挿していく。その上に金の小花のかんざしブンガ バンチャンガン Bunga Bancangan を挿す。その左右の横にブンガ スマンギ Bunga Semanggi（プスポ レンボ Puspa Lembo）のかんざしを挿して、さらに金の花のかんざしブンガ サンダット Bunga Sandat を 17 本使い高さを出していく。一番高い位置にブンガ カップ Bunga Kap を挿す。

後挿しは、金の小花のかんざしブンガ コンピョン Bunga Kompyong を、ヘアピースグルン モディン Gelung Moding の下に挿す。後挿しの中央にチュンパカの花を 7 本挿す。長く垂らしている髪の毛にも、白いチュンパカの花をちらしてつける。仕上げに使う前挿しの小花ブンガ ササック Bunga Sasak は、額の生え際に挟むように挿す。この本数も奇数で仕上げる。

リキッドファンデーションで、胸元に小さな点を上下 2 列奇数で描く。

マディアの婚礼は、ソンケット Songket を用いるのが特徴で、必ず総文様の金糸が使われているものを用意する。金糸の入った紋織は、きらびやかで美しい。女性のアクセサリーは、腕輪とピアスのみ。男性はウダン ソンケット Udeng Songket を頭に巻き、右肩に波状短剣クリス Keris をさす。

小花の後挿し
ブンガ コンピョン
Bunga Kompyong
10 × 14

ヘアピース
グルン モディン
Gelung Moding
13 × 21

前挿しの小花
ブンガ ササック
Bunga Sasak
2 × 2

頭上の一番高い位置の中心に飾るかんざし
ブンガ カップ
Bunga Kap
18 × 34

前挿し
ブンガ バンチャンガン
Bunga Bancangan
22 × 24

横挿し
ブンガ スマンギ Bunga Semanggi
（プスポ レンボ Puspa Lembo）
5 × 15

男性用前挿し金の花かんざし
ブンガ ウマス プチュク
Bunga Emas Pucuk
5 × 14

男性用後挿し金のかんざし
ブンガ サンダット
Bunga Sandat
10 × 20

男性用イヤリング
ルンビン Rumbing
2 × 3.5

男性用チュンパカの花
左耳に黄色、右耳に白色を挿す
本来は生花を使用

金のかんざし
ブンガ サンダット Bunga Sandat
13 × 26
全部で 17 本使う

手首用腕輪
グラン ナガ サトル
Gelang Naga Satru
8 × 8

男性用頭巾
ウダン ソンケット
Udeng Songket
13 × 140

女性用ピアス
スボン Subeng
2.5 × 3.5

バデゥン県　デンパサール
アグン階級の婚礼衣装
（最上階級）

首飾り
バドン Badong
22 × 23

男性用ジャケット
バジュ ブロッドロウ
Baju Beludru
着丈 52.5

ブローチ
ブロス Bros
9 × 10

腕輪（手首用）
グラン ナガ サトル
Gelang Naga Satru
石付き 8 × 8、石なし 9 × 9

女性用肩掛
スレンダン プラダ
Selendang Prada
245 × 30

腕輪（二の腕用）
グラン カナ Gelang kana
8 × 24

ベルト
プンディン Pending
7 × 90

印金帯
サブック プラダ
Sabuk Prada
800 × 11

女性用印金腰巻
カイン プラダ
Kain Prada
115 × 169

男性はジャケットを着用
しない場合もある。

印金化粧巻
カンプ プラダ
Kampuh Prada
123 × 170

男性用印金下巻
カイン プラダ
Kain Prada
282 × 102

女性用下巻
タピ プラダ Tapih Prada
133 × 140

装飾品がもっとも多いのがパヤス アグン Payas Agung の婚礼衣装である。

ヘアーセット前面のプティティス Petitis は、ティアラのように額にのせる。その上に、小花をちりばめた前挿しブンガ バンチャンガン Bunga Bancangan を挿し、その左右の横にブンガ スマンギ Bunga Semanggi（プスポ レンボ Puspa Lembo）の小さな小花を挿す。

かんざしは、金のかんざしブンガ サンダット Bunga Sandat を 21 本用いる。かんざしの数は、奇数になるように仕上げる。このかんざしはバネがついており歩くと揺れて軽やかな音がする。ブンガ カップ Bunga Kap 2 本は、背中合わせにして一番高い位置につける。ブンガ コンピョン Bunga Kompyong のかんざしは、ガルーダ ムンクル Garuda Mungkur の下につける。仕上げに使う前挿しの小花ブンガ ササック Bunga Sasak はプティティスの下に挟むようにさす。この本数も奇数で仕上げる。

ヘアーセット後面は、髪をアップに結い上げて、生花をさすための土台となるヘアピースグルン クチット Gelung Kucit を後ろ髪につける。中心に赤いバラの花 1 輪、チュンパカの白色と、黄色、それぞれ約 80 本、緑のサンダットの花 40 本使い、生花は合計すると約 200 本以上使われる。

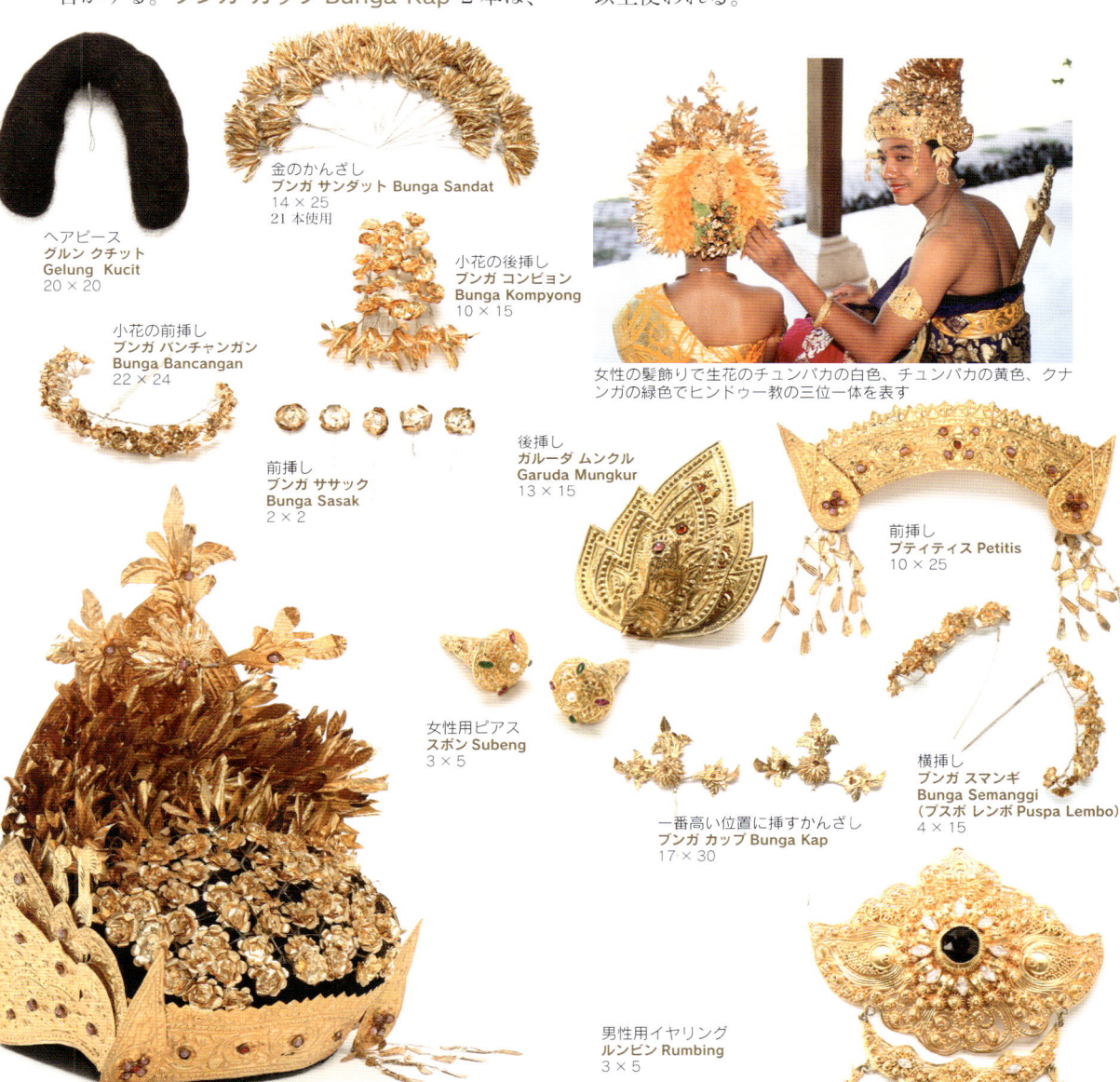

ヘアピース
グルン クチット
Gelung Kucit
20 × 20

金のかんざし
ブンガ サンダット Bunga Sandat
14 × 25
21 本使用

小花の後挿し
ブンガ コンピョン
Bunga Kompyong
10 × 15

小花の前挿し
ブンガ バンチャンガン
Bunga Bancangan
22 × 24

前挿し
ブンガ ササック
Bunga Sasak
2 × 2

女性の髪飾りで生花のチュンパカの白色、チュンパカの黄色、クナンガの緑色でヒンドゥー教の三位一体を表す

後挿し
ガルーダ ムンクル
Garuda Mungkur
13 × 15

前挿し
プティティス Petitis
10 × 25

女性用ピアス
スボン Subeng
3 × 5

一番高い位置に挿すかんざし
ブンガ カップ Bunga Kap
17 × 30

横挿し
ブンガ スマンギ
Bunga Semanggi
（プスポ レンボ Puspa Lembo）
4 × 15

男性の冠
グルンガン アグン
Gelungan Agung
23 × 25 × 30

男性用イヤリング
ルンビン Rumbing
3 × 5

男女共用ブローチ
ブロス Bros
9 × 10
男性はジャケットを着用しない時はつけない。また必ず身につけなくても良い。　51

バデゥン県　メングイ

アグン階級の婚礼衣装

男性用金のかんざし
ブンガ サンダット Bunga Sandat
15 × 23　7本使用

一番高い位置に挿すかんざし
ブンガ カップ Bunga Kap
17 × 30

男性用前挿し
プティティス Petitis
9 × 24
両サイドの飾りはタ
ジュック Tajug とい
い、取り外し可能。

男性用後挿し
ガルーダ ムンクル
Garuda Mungkur
11 × 15

男性用頭巾
デゥスタル プラダ
Destar Prada
102 × 102
両面に印金が施してある

印金紋織化粧巻
カンプ ソンケット プラダ
Kampuh Songket Prada
170 × 120

首飾り
バドン Badong
24 × 26

印金帯
ウンパル プラダ
Umpal Prada
9 × 292

首飾り
バドン Badong
22 × 25

印金肩掛
スレンダン プラダ
Selendang Prada
249 × 28

ベルト
プンディン Pending
7 × 90

印金帯
サブック プラダ
Sabuk Prada
10 × 831

胸巻
スレンダン ピンク
Selendang Pink
200 × 26

印金紋織腰巻
カイン ソンケット プラダ
Kain Songket Prada
165 × 112

男性用下巻
カイン プラダ Kain Prada
245 × 100

女性用下巻
タピ プラダ Tapih Prada
133 × 140

52

州都デンパサールのアグン階級の婚礼衣装（→ p.50 参照）とメングイの婚礼衣装は、地理的に近いこともあり共通点が多い。異なる点は、婚礼に用いる腰巻が、紋織ソンケット Songket と印金プラダ Prada のコンビネーションになっていること。両方の技法が１枚の生地にあしらわれているのは、メングイ地方のみの特有の布である。普通は、ソンケットまたは、プラダどちらか一方だけの布を用いる。

工程としては、全面にモチーフのあるソンケットではなく、布の端をメインにソンケットの織りを入れて、その後で印金をつけていく方法。ソンケットの金糸とプラダの印金、両方が引き立てあい、かなり賑やかな婚礼布になる。

衣装の着付け方は、ほぼデンパサールのアグン階級と同じ。ヘアーセットは、少し変わっている。髪の毛はお団子にまとめて、その周りにドーナツ型の円形をつくり、そこにカボチャの葉の緑の部分を巻きつけて、かんざしを挿すための土台をつくる。生花の軸の部分を受けるために、葉っぱの土台が使われる。ヘアピースの

素材はイジュック Ijuk というさとう椰子の幹の繊維が使われている。生花を後ろ髪だけではなく、前方にも飾る。これはデンパサールのアグンスタイルと、マディアスタイル（→ p.48 参照）を混ぜたような生花の飾り方になる。その他の装飾品は、デンパサールと似通っている。

男性の冠はグルンガン アグン Gelungan Agung で王族階級のものだが、デンパサールのように全体を金で覆ったスタイルではなく、印金を施した布デウスタル プラダ Destar Prada を一般的なウダンの巻き方と前後逆さまに被るのが特徴。結び目を後ろに作り、後頭部に三角の形を作り残す。

また、頭の額の部分にのせる装飾品のプティティス Petitis 、耳の横にタジュック Tajug、頭の真後ろに最上階級のみ使うことが出来るガルーダ ムンクル Garuda Mungkur をつける。ブンガ サンダット Bunga Sandat を後飾りの中央に７本挿して高さを出す。一見すると冠をかぶっているように見えるが、布で出来た巻物デウスタルが中心となり、その周りを装飾品でとめている。これもメングイだけに見られる特徴のある巻き方である。デンパサールの冠では、これらの装飾品は一体化していて被るだけで良い。

小花の後挿し
ブンガ コンピョン
Bunga Kompyong
10 × 15

ヘアピース
モディン ダン タンデゥック
Moding Dan Tanduk
15 × 20

金のかんざし
ブンガ サンダット Bunga Sandat
14 × 25
21 本使用

前挿し
プティティス Petitis
9 × 25

後挿し
ガルーダ ムンクル
Garuda Mungkur
12 × 14

腕輪（手首用）
グラン ナガ サトル
Gelang Naga Satru
8 × 8

首飾り
バドン
Badong
22 × 25

ベルト
プンディン Pending
7 × 90

腕輪（二の腕用）
グラン カナ Gelang Kana
7 × 24

ギャニャール県

アグン階級の婚礼衣装

男性用ジャケット
バジュ ブロッドロウ
Baju Beludru
着丈 74.5

首飾り
バドン Badong
23 × 25

スレンダン ブランカ ガディン
Selendang Plangka Gading

肩掛
スレンダン ピンク
Selendang Pink
200 × 26

ベルト
ブンディン Pending
88 × 6

胸巻
スレンダン ブランカ ガディン
Selendang Plangka Gading
230 × 320
ブランカ ガディンの肩掛を三
つ折りにして胸巻として着用

印金帯
サブック プラダ
Sabuk Prada
815 × 10

紋織化粧巻
カンプ ソンケット
Kampuh Songket
180 × 108

女性用印金腰巻
カイン プラダ
Kain Prada
220 × 190
お引きずりの紫色の部分
と先に縫い合わせて1枚
になっている

男性用印金下巻
カイン プラダ
Kain Prada
245 × 100

ギャニャールの婚礼衣装は、印金プラダ Prada されたものを用いる。

女性の腰布に特徴があり、バリの女性舞踊レゴン ダンス Legong Dance の演目の一つ、オレッグ タムリンガン Oleg Tamulilingan の舞踊衣装と同じように、最初から腰巻の部分のピンク色と、お引きずりの部分の紫色の生地を縫い合わせて1枚になったカイン プラダ Kain Prada を婚礼衣装として使う。

印金帯のサブック プラダ Sabuk Prada を巻き終えたら、その上に黄色いスレンダン プランカ ガディン Selendang Plangka Gading の布を胸の位置から3周回して、腰で巻き終えるようにする。左肩にピンク色のスレンダン ピンク Selendang Pink をかける。その他装飾品は、ほぼデンパサールのアグンスタイル（→ p.50 参照）と同じ。

ギャニャールの女性の婚礼衣装は、下半身が舞踊の衣装で、上半身が婚礼という、面白い組み合わせのスタイルになる。

男性の着付けは、デンパサールのアグンスタイルと同じもの。冠だけは、アグンスタイルのものではなく、マディアスタイルのウダン Udeng が用いられる。

ギャニャールの男性の婚礼衣装は、アグン階級でありながら、冠だけマディア階級を用いることに特徴がある。

チュンパカ黄色
ブンガ チュンパカ クニン
Bunga Cempaka Kuning

実際の婚礼には生花を使用する。全ての婚礼スタイルに共通して、赤いバラ1輪で女性、白い花は男性を象徴する。

一番高い位置に挿すかんざし
ブンガ カップ Bunga Kap
16 × 33

金のかんざし
ブンガ サンダット Bunga Sandat
14 × 25　17本使用

チュンパカ白色
ブンガ チュンパカ プティ
Bunga Cempaka Putih

バラの花
ブンガ マワール
Bunga Mawar

小花の前挿し
ブンガ バンチャンガン
Bunga Bancangan
22 × 24

横挿し
ブンガ スマンギ
Bunga Semanggi
（プスポ レンボ Puspa Lembo）
4 × 15

前挿し
プティティス Petitis
9 × 29
額に添う部分のカーブがきついのがギャニャールの特徴。デンパサールのアグンスタイルではカーブがほとんどない。

首飾り
バドン Badong
23 × 25

男性用頭巾
ウダン ウマス
Udeng Emas
7 × 25
ウダンはソンケット Songket と金ウマス Emas のものが婚礼衣装に、バティック Batik、エンデック Endek は正装衣装に使われる。プラダ Prada は婚礼、正装共に使用される。ウダンの名称は、ウダン ウマス、ウダン ソンケットなどウダンの後ろに素材の名前をつける。

ベルト
ブンディン Pending
88 × 6

腕輪（手首用）
グラン ナガ サトル
Gelang Naga Satru
7 × 7

タバナン県

アグン階級の婚礼衣装

男性用ジャケット
バジュ ブロッドロウ
Baju Beludru
着丈 74.5

ブローチ
ブロス **Bros**
9 × 9

印金肩掛
スレンダン プラダ
Selendang Prada
240 × 27

紋織化粧巻
カンプ ソンケット
Kampuh Songket
160 × 95

ベルト
ブンディン **Pending**
7 × 90

印金帯
サブック プラダ
Sabuk Prada
813 × 9

赤い帯
スレンダン メラ
Selendang Merah
245 × 25

紋織腰巻
ソンケット アラム
Songket Alam
172 × 96

男性用印金下巻
カイン プラダ
Kain Prada
282 × 102

女性用印金下巻
タビ プラダ **Tapih Prada**
122 × 140

タバナン王宮に伝わる婚礼衣装は、最高級の**ソンケット アラム Songket Alam** を用いる。**ソンケット**は紋織で、**アラム**は天然という意味。天然の色素から作った織物で遠くから離れて見ても重厚感が溢れている。

腰帯 は、中央で赤い**スレンダン メラ Selendang Merah** の布を結ぶ。

男性の婚礼衣装とその他装飾品については、ギャニャールの婚礼衣装（→ p.54 参照）と同じく、アグン階級でありながら、冠だけマディア階級の**ウダン ウマス Udeng Emas** を用いることに特徴がある。婚礼用男性のジャケットは、金のプレートを貼ったものや刺繍を施したものがあり、また色については、黒色ジャケットが基本であるが、その他、臙脂色、海老茶色、白色などを着用しても良い。

男性の婚礼衣装に欠かせないのが波状短剣**クリス Keris** である。これはすべての婚礼衣装に共通するもので、階級に関わらず、婚礼時に**クリス**を右肩に挿す。**クリス**を挿すのが難しい婚礼衣装の場合は、必ず携えておく。**クリス**は家宝であり、波状のギザギザの形が日本でいう家紋のように異なる。

婚礼用の波状短剣は、元の鞘に戻るというように夫婦円満も表す。挙式当日、なんらかの事情で新郎が立ち会えない状況に陥った場合も、短剣が新郎の身代りとなり、新婦と無事結婚式を挙げるというケースもある。このように**クリス**は挙式に欠かせないものである。

タバナン王宮には、婚礼衣装の他に**ングラ ジャ スワラ Ngaraja Swala** と呼ばれる成女式の衣装がある。初潮を迎えたことを祝うための衣装。特別な供物が、子どもの成長と幸せを願うものとして寝室にも飾り付けられる。

成女式の衣装は**ソンケット**や**プラダ**を使わず、儀礼布を巻き、肩衣は、黄色い**スレンダン プランカ ガディン Selendang Plangka Gading** の布を用いる。腰帯は、中央で赤い**スレンダン**の布を結ぶ。

ヘアーセットは、デンパサールのマディアスタイル（→ p.48 参照）とほぼ同じ。

タバナン王宮の成女式の衣装（右の女性）。婚礼衣装とは違い、肩衣にプランカ ガディン Plangka Gading をまとっている。

男性用波状短剣 クリス Keris
（左）中央の短剣を抜刀したもの　最長 50、刃渡 35、彫物 15 × 5
（中央）70 × 20　（右）68 × 20

バンリ県
アグン階級の婚礼衣装

ブローチ
ブロス Bros
5×7

胸飾り
シンピン Simping
37×45
首飾りバドン Badong
の部分が胸飾りの部分
と一体化している特徴
的なデザイン

男性用ジャケット
バジュ ブロッドロウ
Baju Beludru
着丈 50.5

肩掛
スレンダン バンシン
Selendang Bangsing
228×22

ベルト
プンディン
Pending
10×105

印金帯
サブック プラダ
Sabuk Prada
11×800

男性用帯
スレンダン ソンケット
Selendang Songket
224×22

紋織腰巻
カイン ソンケット
Kain Songket
180×107

女性用
印金下巻
カイン プラダ
Kain Prada
220×190

男性用紋織化粧巻
カンプ ソンケット
Kampuh Songket
180×107

男性用印金下巻
カイン プラダ
Kain Prada
245×100

バンリは、バリ島の北東部に位置する。唯一他の県のように、海に面しておらず、バツール湖、バツール山、キンタマーニ高原があり、標高が高く霧も発生しやすい。年中を通して涼しい環境にある。バンリは、婚礼用の装飾品の産地として知られている。デンパサールのアグンスタイル、マディアスタイルの装飾品は、バンリで作られたもの。

バンリの婚礼衣装は、紋織ソンケット Songket と印金プラダ Prada を両方用いる。

肩掛には、スレンダン バンシン Selendang Bangsing の織物を使う。女性は、シンピン Simping の胸飾りをつける。これは宮廷舞踊レゴン ダンスに見られるものとよく似ているが素材が異なる。舞踊用は皮製品で作られ、婚礼用は金の装飾品にビロードの布をはったもの。ネックレスのバドン Badong の部分と胸飾りシンピンの部分が一体化したデザインになっている。

男女とも肩衣のスレンダンは、デンパサールのように印金プラダではなく、紋織ソンケット、または、手織物バンシン Bangsing を使う。それ以外は、デンパサールのアグンスタイル（→p.50 参照）とほぼ同じ。

長い裾の部分は実際は手に持って移動する

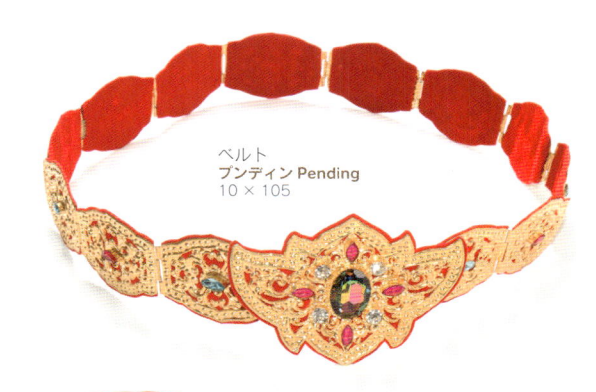

ベルト
プンディン Pending
10 × 105

腕輪（二の腕用）
グラン カナ Gelang Kana
35 × 10

ブレレン県
シンガラジャの伝統衣装（ムデエシ）

マヌック デワタ
Manuk Dewata
死者の霊を天界に
導く鳥のシンボル

ムデエンの女性用頭飾り
ロコロコアン
Roko-rokoan
28 × 31
↓表面 →裏面から

葬儀の装い

帯
スレンダン メラ
Selendang Merah
138 × 25

首飾り
パドン **Badong**
6 × 60

肩掛
スレンダン メラ
Selendang Merah
138 × 25

男性用頭巾
ウダン ウマス
Udeng Emas
24 × 14

紋織胸巻
カイン ソンケット
Kain Songket
130 × 50

紋織化粧巻
カンプ ソンケット
Kampuh Songket
175 × 100

ベルト
ブンディン
Pending
6 × 60

婚礼の装い

紋織腰巻
カイン ソンケット
Kain Songket
175 × 100

白布
カイン プティ Kain Putih
235 × 45
ムデエンの儀式の時に一緒に
焼き尽くす布。
葬儀の時のみ使用。

下巻
カイン プラダ
Kain Prada
292 × 105

60

葬儀の時と婚礼の時の、両方の儀礼に用いられる珍しい衣装。

北部バリのシンガラジャ地方を代表する伝統衣装で、ムデエンはブラタン Beratan 村など、非常に限られた村だけで行われている儀式。

ムデエンの儀式では、未婚の男女が、ムデエンの衣装に身を包み、村の中を行列を作って、一つの長い糸をみんなで持って行進する。小さな子どもや大人達は、バリの正装衣装を着て、供物をもって行列に参加する。行進は、村の焼き場まで続き、ここで合同の火葬祭が行われる。

ずらっと並んだ牛を象った棺ルンブー Lembu は圧巻。丸一日かけて火葬が行われ、死者を弔う数々の供物が捧げられる。火葬の終了と同時に雨が降る。これはとても良いことで、天が受け取ってくれた、儀式は大成功だと歓喜に包まれる。ムデエンを行う村の集会所では、ガムラン楽器の演奏、儀礼用の様々なご馳走が村人によってふるまわれ、縁日のような賑わいとなる。

ムデエン衣装のソンケット Songket の織物は、ブラタン村だけで織られている特別な文様ブンミンガン Bunmingmang が入っている。この文様のモチーフは、インドネシア語のビングン Bingung「迷う」という意味と、ガジュマルの木（菩提樹）ブリンギン Beringin の2つの言葉から出来た造語。先見の明、知恵の教えが織物に織り込まれて、後世に伝えようとしたもの。ガジュマルの木の大木は、根っこが木の上から降りてくる。どこまでが木でどこまでが根っこなのか、はたまたどちらがスタートでゴールなのか良く見れば見るほどよくわからない。その生きる目的、いろいろな些細なことに惑わされてはいけない、迷ってはいけな

（左）女性のムデエン衣装一式をあらわすお飾り
（右）火葬場での親族供物の準備

腕輪（手首用）
グラン ナガ サトル
Gelang Naga Satru
8 × 8

腕輪（二の腕用）
グラン カナ Gelang kana
11 × 12
魔除けボマ Boma のモチーフが彫られている

前挿し
プティティス Petitis
13 × 18

首飾り
バドン Badong
38 × 25

ベルト
プンディン Pending
6 × 60

い、人生はどこでどうなるか誰にもわからない。だから迷うなという哲学的な意味合いと、人間わかったと思うことはたがが知れている。高次元から見ればそんなものじゃない。神の意や目的は、各々にある。人間だけの力で理解しようなんて奢りだという戒めの意味を込められたモチーフ。織物と、お供物を入れる銀の器ボコール Bokor にも、両方にシンボルとして取り入れられている。

女性の装飾品ロコロコアン Roko-rokoan は、ブレレン地方特有の飾り物。マヌック デワタ Manuk Dewata は、死者の霊を天界に導く鳥が、頭上の中心にシンボルのモチーフとして取り入れられている。

結婚式の装飾品で使う時は、後挿しの紙で出来た側は取り外しておいて、17 本の金のかんざしブンガ サンダット を扇状にさして飾る。

ムデエンの男性の衣装に含まれるカイン プティ Kain Putih は、ムデエンの儀式の時に一緒に焼き尽くす。特別な力サクラル Sakral が宿るとされている。ムデエンの肩掛スレンダン メラ Selendang Merah は、聖水ティルタ ナディ Tirta Nadi で浄められたものが胸元に飾られる。男性は、眉間の指2本分くらい上に、三角の山を黒のアイペンシルで書き、中心に赤い点を描く。

ガジュマルの木と、紋様ブンミンガンが入った供物用の銀の器ボコール Bokor（24 × 8）、ソンケットにもモチーフとして取り入れている。

ジュンブラナ県
ヌガラの伝統衣装

花類は、婚礼や儀礼では必ず生花を用いる。儀礼以外の用途（例：パレードやイベント）では、このような造花のかんざしも併用する

ヌガラの手織物
カイン トンブロアン
Kain Temploan
194 × 102

黄色のチュンパカのかんざし
ブンガ チュンパカ クニン
Bunga Cempaka Kuning
10 × 13

後挿し
ブンガ クナンガ
Bunga Kenanga
6 × 12

赤い花
ブンガ メラ
Bunga Merah
5 × 5

小花の前挿し
ブンガ ササック
Bunga Sasak
1.5 × 1.5

帯
スレンダン
プランカ ガディン
Selendang
Plangka Gading
233 × 32

肩掛 ヌガラの手織物
スレンダン テヌン ヌガラ
Selendang Tenun Negara
206 × 25

女性用ピアス
スボン Subeng
3.5 × 3.5

胸巻 ヌガラの手織物
カイン ワリ ヌガラ
Kain Wali Negara
178 × 49

シルバーの前挿し
ブンガ バンチャンガン
Bunga Bancangan
24 × 24

腰巻ヌガラの手織物
カイン チュラリ ヌガラ
Kain Cerari Negara
193 × 95

化粧巻
ヌガラの手織物
カイン チュラリ ヌガラ
Kain Cerari Negara
190 × 98

下巻きヌガラの手織物
カイン ワリ ヌガラ
Kain Wali Negara
190 × 103

下巻きヌガラの手織物
ビカス クルディ
Bikas Kurdi
198 × 103

ヌガラの手織物
ガダン ワリ
Gadang Wali
140 × 48

ヌガラの儀礼。ヌガラの手織物ビカス クルディ Bikas Kurdi の腰布（赤い布）を身にまとっている。

水牛の角の形のヘアピース
グルン タンドゥク
Gelung Tanduk
17 × 27

が、村の稲作の収穫祭として毎年行われている。2頭の水牛は、人間のように飾り立てられる。豪華な冠、首輪には鈴、色鮮やかな旗、荷車を引かせ、普段は稲作をしている農夫がジョッキーとなる。

実はこの水牛が、花嫁のヘアースタイルのモチーフとして用いられている。水牛の角の形を模したヘアピースが使われるのが、ヌガラ地方の特徴。生花は、白色・黄色の2色のチュンパカ Cempaka、緑色のクナンガ Kenanga でバリ島内の他の地域でも共通して用いられるもの。さらに上記とは別に、唯一ヌガラ地方だけで、用いられるのがブンガ ミドリ Bunga Midri。白い花弁の中央が薄紫がかった花で、前挿しとして使われる。

バリ島西部に位置するジュンブラナ県には、ヌガラ地方特有の織物ソンケット ヌガラ Songket Negara がある。同じソンケットでも、東部カランガッサム県のように金糸を使わない織物で、肌触りがよく使い込むほどに体に馴染んでくるので扱いやすい。柄行きにも流行がなく、一度手に入れると一生使い込める程、用途が高い。

雨季と乾季の2つの季節しかないバリ島。不思議と便利な布で、乾季に巻くと涼しく感じ、雨季や、肌寒い霧の出るような高原地帯や山間部、湖の近くに住む人も、これを巻くと暖かく感じる。暑い時に涼しく感じ、寒い時には、暖かく感じるとても重宝な布である。

ヌガラでは、もうひとつ有名なムクプン Mekepung という大変迫力のある水牛レース

前挿し
ブンガ ミドリ
Bunga Midri
20 × 19

ブンガ ミドリの花

横挿し
ブンガ ミドリ
Bunga midri
3 × 15

花嫁を飾る香り高い、生花のチュンパカとクナンガは、挙式の後で綺麗に乾燥させて大切に保管される。それは、次に生まれて来る新しい生命のため。赤ちゃんが生まれたら赤ちゃんの枕の下に花びらが敷き詰められる。その花びらこそ、母親が結婚式の時に使った生花の花飾り。お母さんの幸せや喜びが赤ちゃんにも伝わり将来の幸せを願う心温まる習慣が残されている。

ヌガラ地方の織物には、その布の種類によって様々な名前がある。削歯儀礼ポトン ギギ Potong Gigi（→ p.67 参照）に用いるのは、緑の生地にストライプ柄のガダン ワリ Gadang Wali と呼ばれる布。その他にも宗教儀礼で用いられる、ビカス クルディ Bikas Kurdi は、赤地に緑のライン模様、カイン トンプロアン Kain Temploan は、格子柄。カイン チュラリ ヌガラ Kain Cerari Negara は、縦ラインに鮮やかな色合いの織物がある。

バリの通過儀礼 伝統衣装の関係

この世に生を受けてから天界に旅立つ日まですべては伝統衣装から始まる。

●生後3ヶ月・6ヶ月の儀式
ウパチャラ ティガ ブラン Upacara 3 Bulanan
ウパチャラ ウナン ブラン Upacara 6 Bulanan

　生後3ヶ月にバリでは最初の宗教儀礼があり、初めて身につけるバリの正装衣装と装飾品と供物が用意される。

　僧侶によって浄められ、赤ちゃんは初めて大地に足をつけることを許される。それまで赤ちゃんは、俗ではなく神聖な領域にいるとみなされている。この儀式を迎えるまでお母さんも赤ちゃんも外出を控え、夕方日没の時はしっかりお母さんに抱かれ赤ちゃんに魔物がつかないように特に気をつけられる。

　すべてのお供えにお線香が焚かれ最高僧の聖職者プダンダもしくは、下の階級の僧侶プマンクによって経があげられる。赤ちゃんの胎盤は、ヒンドゥー教では生涯守ってくれる大切なものと考えられているので、家の敷地内に埋められている。男の子は母屋に対して左側、女の子は右側。その胎盤の埋められている場所はアリーアリー Ari-ari と言われその上にお供えが置かれる。屋敷の中の神棚にご先祖さまからご加護が得られるように祈りが捧げられる。水瓶の中に魚を泳がせ（もしくは魚に見立てたヤシの葉を代用する）赤ちゃんを遊ばせたり、大きなカゴをかぶせたりもする。カゴはバリでの宇宙観をあらわす。

カゴの中にいる赤ちゃん。お浄めの器の中に手を入れて遊ぶ。

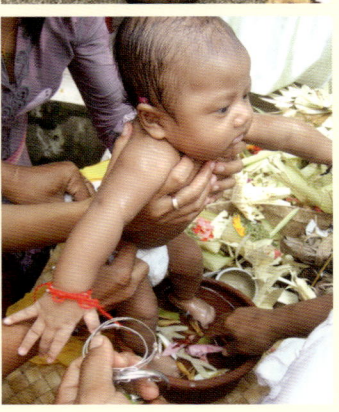

赤ちゃんを、聖水で浄める。装身具を身につける。

　その後、聖水で赤ちゃんの体を清めてから、手足に、同じく聖水の中で浄められた鈴のついたブレスレットグラン タンガン Gelang Tangan とアンクレットグラン カキ Gelang Kaki がつけられる。女の子はベビーリングチンチン Cin-cin もつける。ピアスをしてもよい。首にかけるブランドン Blandong と呼ば

（左）古銭ピス ボロン Pis Bolong。（右）僧侶の手に持つのは振鈴グンタ Genta（金剛鈴）

赤ちゃん用の装身具

頭飾り
ウブンウブン
Ubun-ubun
3×3

ブレスレット
グラン タンガン
Gelang Tangan
5×5

ベビーリング
チンチン Cin-cin
1.2×1.2

ネックレス
ブランドン Blandong
ヘッド1×2、ネック長21

アンクレット
グラン カキ
Gelang Kaki
5×5

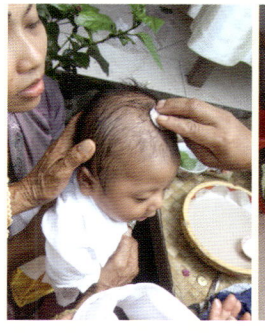
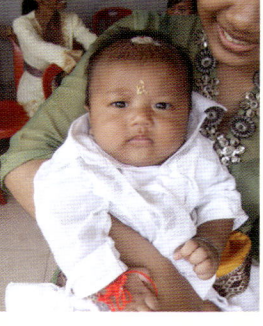

ウブン ウブン Ubun-Ubun を頭頂部（百会）にのせる。

ゆりかごの儀式

れるネックレスは、赤ちゃんのお守りになるよう小さな箱がついている。その中にヘソの緒をしまって置く。赤ちゃんの体調が悪い時にこのお守りとなっているヘソの緒を水に浸してその水を少し飲ませると赤ちゃんの腹痛が治るとされている。赤ちゃんが病気の時も、このお守りが守ってくれると考えられている。

　丸い小さなコイン型の**ウブン ウブン Ubun-Ubun** と呼ばれるものに、お米をお母さんの口で噛み砕いたものを少しだけ貼り付けて、お母さんが生後3ヶ月の赤ちゃんの頭頂部（百会）にのせる。

　子どもが大きくなった時に財に困らないように、売り買いの儀式をする。実際に赤ちゃんは自分で売り買いできないので、周りの親戚が、

赤ちゃんに向かって、『じゃあ、私はこのお菓子を買うわね、お金はココに置きますよ。』など話しながら、お買い物しているように実演する。そして赤ちゃんを抱っこしているお母さんが『ありがとう』と言い、順繰りにお買い物の会話が続けられる。

　ゆりかごの儀式では、元気に育つように供物が捧げられ、赤ちゃんもゆりかごに乗せられる。**ピス ボロン Pis Bolong** と呼ばれる中に穴が空いた古銭225枚が生後3ヶ月の儀式で用いられる。

　いずれも子どもの無事と成長を願って行い、赤ちゃんは新たな村の一員として迎えられる。赤ちゃんの可愛らしい仕草に笑顔の絶えない儀式。初めて正装衣装に身をつつむことは、これだけ重要な意味を持つ。

　生後6ヶ月では断髪式も行われ、これらの儀式を通して、赤ちゃんはようやく人間界に入るとされる。初めて身につける伝統衣装**クバヤ Kebaya**（女の子用）や、ベビー用のアクセサリーは、ミニチュアのように愛らしい。

赤ちゃん用のクバヤ
着丈40

男の子用の正装衣装一式
ウダン20、上着着丈40、腰巻着丈32

（左）生後6ヶ月の儀式。僧侶による合同祈祷。（右）男性用の正装であるウダンを頭に巻く。

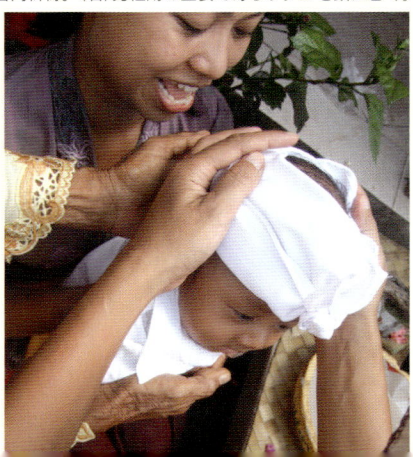

オトナン Otonan

バリ島の暦は 210 日で 1 年となり西洋暦の誕生日とは別に**オトナン**という入魂式の翌日が、実際に赤ちゃんに魂が入った日とされ、その日から 210 日に 1 回、バリヒンドゥー教における誕生日がやってくる。**オトナン**の日は、各家庭の儀式小屋**バレ**で供物が用意されて祈りを捧げる。祈りの前に水浴びをして体を浄め、腰巻**カイン Kain** と腰帯**スレンダン Selendang** を巻き、バリの正装衣装で臨む。お線香と聖水で供物を捧げ、白い生糸を手首に巻き、赤い糸を右足の親指に巻く。バリでは足は大地を、親指は母性を表すとされ、病気は親指の爪の先から入るとも言われる。

西暦の誕生日を忘れても支障はないが、**オトナン**の儀式は重要視されており、生涯滞りなく行わなければならない。

なぜならバリ島では、生まれて来る時に、胎盤、ヘソの緒、血液、羊水を黄色い椰子の中に入れ穴を掘って埋める。これらの 4 つの要素は、本人に代わって 4 兄弟**カンダ パット kanda Pat**（**カンダ パット**はバリ語表記。インドネシア語では**ソウダラ ウンパット Saudara empat**）となり、何かあった時に本人を助けてくれる力があり、生まれてから生涯を守ってくれると考えられている 4 兄弟の存在に敬意を払う。ちなみに、人間の目では見えない**カンダ パット**だが赤ちゃんはまだ神聖なのでこの存在がわかるとされ、赤ちゃんがひとりでにニコニコするのは、この見えない存在と交信していると考えられている。

日々の習慣で、自分が食事をする前に 4 兄弟に少し取り分けてから自分が食べる。寝食を共にする存在、飲む時も眠る時も覚えておいて、満月や新月、オトナンには供物をさらに足して、その存在に感謝を捧げる。

オトナンの儀礼は、見守ってくれている 4 兄弟に感謝を捧げる意味もあり、蔑ろにすると、体に不調があらわれることもあるので危険だと気にしている。オトナンのために会社を早退することが認められる程、バリ島では何より宗教儀礼が優先される。火葬式や結婚式、村の重要な儀礼は、公に会社も学校も休んで良いことになっている。

バリでは家族、村の行事、儀礼に参加することの方が大切にされている。まずは仕事よりも家族、家族とさらに神様のお供物というように、全てにおいて人間が先ではなく、何かを差し出す、何かを祀る。神々への捧げ物、貢物をサンスクリット語では、**ワリ WALI** という。**バリ BALI** は、**ワリ WALI** に由来するという説がある。そういった面からも、神の前に佇むための礼儀としての伝統衣装は、非常に意味を持つ。

バリの主な宗教はヒンドゥー教だが、島内にはイスラム教、仏教、キリスト教など別の宗教に所属する人達もいる。しかし、そうした別の宗教を信じる人々の家にも、ヒンドゥー教の祭壇が敷地内に設置されている。バリ島が神々の島**プロウ デワタ Pulau Dewata** と呼ばれる所以がそこにある。インドネシア語で、**プロウ**は島、**デワタ**は神々のこと。不思議なことに異宗教の人でも、ここはバリ島だから、お供えをちゃんとあげたほうが良いと自然に思わされるのだ。バリの儀礼にゲストとして呼ばれたら正装衣装を着て行くととても歓迎される。

カンダ パットの
名称・方角・要素

北

**パナスパティ ラジャ
Banaspati raja**
胎盤 Ari-ari
北 Utara
風ヴァユ Bayu

**パナスパティ
Banaspati**
羊膜 Lamas
西 Barat
火テジャ Teja

**ブタ デンゲン
Bhuta Dengen**
赤ちゃん Rare
中心 Tengah
空アカサ Akasa

**アンガパティ
Anggapati**
羊水 Yeh Nyom
東 Timur
土プルティウィ Pertiwi

西　　　**東**

**プラジャパティ
Prajapati**
血液 Getih
南 Selatan
水アッファ Apah

南

主役は母に抱かれている正装衣装を着た子どものオトナンの日（バリ暦での誕生日）

●削歯儀礼 ポトン ギギ Potong Gigi

ポトン ギギは、バリ島の成人式のようにも考えられる。インドネシア語で、ポトンは削る、ギギは歯のこと。男性も女性も、それぞれの階級にふさわしい婚礼衣装を着て臨む。バリ島では、生涯で2回婚礼衣装を着ることになる。1回目はポトン ギギで、2回目が婚礼。

ポトン ギギは、多額の費用がかかるので、嫁入り前の娘がいる家では、親族まとめて合同でこの儀礼を行うことが多い。娘さんの多い家族では全員花嫁さん集合のように見えるが、これは儀礼に臨んでいる人達が集まっているから。ポトン ギギは上下6本の歯をきれいに研ぐ儀式で、生まれつき持っている穢れを落とすという意味がある。

見かけは、単に歯を揃えているようにだけ見えるが、魂を移していったん体から離してもう

（左）サンガ（内寺）で祈りを捧げ儀礼の報告をする。（右）儀礼を受ける女性と供物

一度蘇らせる程、危険を伴うと言われているので、しかるべく霊力をもつ人によって扱われなければならない。

嫁入り前に実家でポトン ギギの儀式を済ませて置くのが礼儀とされる。結婚する機会のなかった人も、高齢になって親族のポトン ギギに便乗して行うこともある。生涯その機会のなかった人は、亡くなってからでも火葬の前に研ぐほど徹底している。犬歯は邪悪なものとされ天界に行く時の妨げになると考えられている。

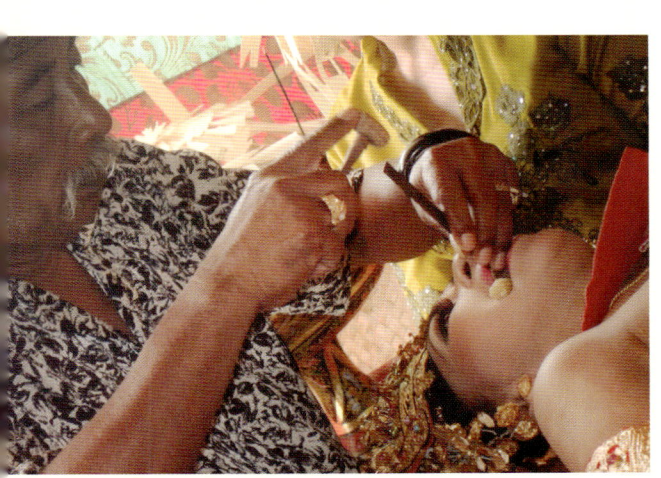

（上）歯を研ぐ儀礼。（下右）白糸を浄められた印で右手首に巻く。（下左）親指は大地の母、右足の親指に赤糸を巻く。

（上）供物と僧侶ブマンクによる祈祷。（下）儀式が終了してホッとしている所。男女とも婚礼衣装で臨む。結婚前にこの儀礼を済ませておくのが親の務め。

供物に香が焚かれる様子

●婚礼　ウパチャラ プルニカハン
Upacara Pernikahan

　神様が生活の中心となっているバリ島では、結婚が家族（当人）間で決まっても、自分たちで好きな日取りを選んで挙式に臨むことはできない。

　バリの挙式においてもっとも重要なことは、祖霊として祀られている先祖に結婚の報告をし、そしてこれからの人生を見守ってもらえるように願うこと。宗教が異なる場合は改宗するのはもちろんのこと、儀式の日取りも僧侶にお伺いを立てて、しかるべき日に行わなければならない。

　結婚式は公の寺院や専用の式場のような場所ではなく、新郎の実家の本家で行われる。バリの家には敷地内に**サンガ Sanggah** と呼ばれる内寺（最上階級では**ムラジャン Merajan**）があり、新婦は自分の実家の**サンガ**で先祖へのお別れの儀式をした後、新郎の実家へ入る。

　婚礼は、まず下の階級の僧侶である、**プマンク Pemangku** に浄めの儀式を、その後最高僧である**プダンダ Pedanda** に儀礼を行ってもらう。吉日に挙式を行うことが多いので、最初にお伺いをたてておいた、同じ**プダンダ**に挙式当日来てもらえるように懇ろに予約をしておく。

　バリには、**バンジャール Banjar** という共同体があり、これは警察も立ち入れないほど結束

高僧プダンダによる浄めの儀式

（左）食べ交わしの儀。（右）祈りの印テゥリダテゥ3色の糸を巻く。

が強く、各村ごとに集会所であるバンジャールが設置されている。バリに住むものは、必ず家の近くのバンジャールに所属している。

　バリの人々は生涯にわたり、数多くの通過儀礼を行う。その多くは、バンジャールの協力によって作り上げられている。挙式を行うことは、バンジャールでふたりの結婚が認められ、ふたりは村人に祝福され、また助けあいながら新しい家族として村に迎え入れられたということを意味するもの。結婚式は、子孫繁栄も願うため敷地内の家族のお寺サンガ（最上階級ではムラジャン）にある祠の後ろに、挙式当日に新郎新婦が2人で協力して苗木を植える。

　バリでは儀式があるからといって、専門の業者を呼ぶのではなく、自分達がダンサーになり、

演奏家になって神々に舞踊や音楽を捧げる。彼らは、そうしたことのひとつひとつを、小さい頃からバンジャールで学ぶ。神様と共存しているバリの人々にとって、バンジャールの制度は、何かあった時の拠り所であり、背を向けては暮らしていけないと言われるほど重要である。コミュニティへの参加が必須のバリ社会での結婚式は、すべて村の協力によって成り立っている。

　ヒンドゥー教の神々への敬虔な祈りと儀式、村人総出での祝宴。バリ島の結婚式は、所属する村ごとに、また階級によって衣装が異なり実にバラエティ豊かだ。婚礼衣装は、嫁ぎ先の男性の階級にあわせた衣装が用意される。本人の意思だけで好き勝手な婚礼衣装を着ることは、伝統村では特に許されていない。

　バリ伝統婚礼衣装は、着付けにおいても、着用の仕方、衣装の種類、お飾りの形から、ヘアーメイクに至るまで全てにおいて厳格な決まりがある。婚礼衣装に対しても、着付け師に対しても、その着付けの準備がうまく無事に進むよう、いちいち供物をささげてから、着付けに入る。花嫁にも、衣装にも、その着付けを担当する人にも、心清らかで儀式が滞りなく行えるように、供物が必要なのだ。

　その一方で2005年以降、階級にとらわれることなく着こなせる安価なモダンスタイルの婚礼衣装が流行し始める。バリ島東側のカランガッサム王宮のスタイルをヒントにアレンジしたり、ドレスのように着こなしたり、バリ島での多くのメイクアップアーティストによっていろんなスタイルが提案されている。無限に時代とともに変遷され、自由なスタイルは、本来のバリの伝統美からかけ離れたスタイルとなりつつある。

親族による合同祈祷

●火葬儀礼 アベン Ngaben

バリ島では、火葬式に多大な費用がかかるので、普通は資金ができるまでいったん土葬しておくことが多い。バリの葬儀は村によって違いがあるが、例えば、土葬と親族間の葬儀、期間を空けてからの火葬式、王宮から火葬場への行進、海に灰を流す儀式、火葬式の42日後に魂を浄化する儀式という順で行われる。

バリでは、村で死者が出ると、半鐘**クルクルKul-kul** を鳴らして村人に伝える。村人は、砂糖やコーヒー、タバコや白布などを、銀の器**ボコール Bokor** に入れて持ち、通夜の席に参加する。死者の家族は、弔客をコーヒーやお菓子でもてなす。死者の家族は、ロウケツ染め**バティック**や、絣織**エンデック**の腰巻で、黒系か茶系を巻く。上着の**クバヤ**は、茶色、黒、濃紫、群青色のような暗い色目を着用し、**スレンダン**の帯は黒色を結ぶ。

死者が出た場合、関係する親族は自宅の神棚のお供物を下げ、2週間はお供え物をしない。またよその家や母寺となる寺を訪れることも忌む。通夜の間、遺体は白い布で巻かれ儀式小屋に安置される。通夜の翌日の昼に、遺体に浄めの水を浴びせ、太陽にさらして死者が出たことを天界に伝える。その後、遺体に一番上等の衣

装を着せ、死者が大切にしていたものを添える。日を改めて行われる火葬式では、さらに真新しい伝統衣装や、様々な生地が棺の上にかけられ一緒に焼かれる。

伝統衣装をまとうのはこれが最後ではなく、茶毘（だび）に付した後の灰になっても、灰をまた集めて、白い布の上におき、もう一度灰で、人型を作りその上に、花と供物で作った衣装を着せる。旅立っても最後まで衣装がついてくる。身体は神殿でもあり、魂の乗る器だから丁寧に扱わなければならない。そのために、灰になっても、もう一度まるで生きている人のように扱われる。

祭りのように豪華絢爛なバリ島の火葬式は世界的にも有名。火葬場まで運ぶ火葬塔**バデ Bade** は巨大であり、故人の階級によって飾りつけられる階層屋根**ワダ テゥンパン Wadah Tumpang** の高さが異なる。階層屋根の数は、奇数が良いとされている。貴族階級で11層。平民であれば、1層や3層というようになっている。

火葬塔バデは、電線よりも高い位置に来るため、電線を外すか、持ち上げる係の人がいて、何百人もの担ぎ手によって火葬場に運ばれる。死者を乗せる牛を象った**ルンブー Lembu** という棺を入れる入れ物は王族階級の人に用いられる。ガムラン楽器の演奏、舞踊も行列に加わる。

ルンブーと棺に火が放たれ一緒に茶毘（だび）に付す。

70

（左）中央にそびえるのが火葬塔バデ。上部の階層屋根になっている部分をワダ テウンバンという。左に牛をかたどった棺を入れるものルンブー。右の白い架橋トラタッグが王宮前に準備される。この架橋は火葬場でバデとつなぎ、バデの中央に安置されている遺体をルンブーに移すためのもの。（右）火葬式の前に男性舞バリスが奉納される。

ただならぬ活気と熱気は、歓喜に満ちている。

バリ島での死は、人間の欲や憎しみから死者の魂を解放し、穢れのない神に近い存在として天界へと送る大切な儀式。悲しみではなく、人生最大の美しい門出の儀式として村人全員の協力によって葬儀がなされる。この考えは人間は、パンチャ マハブータ Panca Mahabhuta（空アカサ Akasa、風ヴァユ Bayu、火テジャ Teja、水アッファ Apah、土プルティウィ Pertiwi）から出来ており、火葬によってそれぞれの場所に帰るというヒンドゥー教の教えに基づくもの。バリ人にとっては、肉体はただの殻、魂の入れ物にすぎない。子どもが生まれると、親になった人は、これで自分の葬儀の時に立ち会ってもらえる子が出来たことを、とても安心できるものだと考えている。新しい生命に立ち会うこと、生きることは、最期の日を飾ることに繋がる。

バリの人にとって、バリそのものが一つの世界である。聖なるアグン山の方角、山側には崇高な精霊が棲み、海側が穢れた方向。

バリの宇宙観を表す世界亀ブダワン Bedawang に、竜神アンタボガ Antaboga が巻きついているモチーフが、寺院の彫刻などでも見られる。ブダワンが移動すると地震や火山の噴火が起こると考えられている。

日本では亡くなったらお墓となるがバリでは、一時的な安置所にすぎない。火葬式の後で魂を浄化するムムクルという儀式を経て家の内寺の祖先を祀る祠に迎えられて祖霊となり、初めて安泰となる。ムムクルの儀式は、死者の灰を海に流す儀式。僧侶にお伺いをたてて吉日に執り行われる。

ひとつひとつの儀礼に、この世に生まれから死ぬまでにその時にふさわしい伝統衣装を身にまとい、皆に見守られ、ご先祖様に見守られながら、神へと近づく。誰もが晴れ晴れとした面持ちをしている。儀礼の工程ごとに供物を捧げる。バリ人の人生観と人間の尊さを表している。

棺を運ぶ親族

（右）ケヘン寺院のバリの世界観を表す彫刻。世界亀ブダワンと巻きつく2匹の龍神。（左）火葬塔バデの側面にもバリの世界観が表されている。

頭の巻物
カイン クリック **Kain Crik**
上 20 × 200、下 25 × 205

デンパサールでの葬儀における２種類の衣装

ムルルナカン葬儀の衣装（火葬式前）
ムムクル葬儀の衣装（火葬式後）

ヘアピース
アントール **Antol**
（チュマラ **Cemara**）
3 × 95

金のかんざし
ブンガ サンダット
Bunga Sandat
15 × 24

横挿し
ブンガ スマンギ
Bunga Semanggi
（プスポ レンボ **Puspa Lembo**）
5 × 15

胸巻
スレンダン プランカ ガディン
Selendang Plangka Gading
230 × 32

胸巻
スレンダン チャワンガン
Selendang Cawangan
122 × 24

赤い花
5 × 5
バラまたは
ハイビスカス

一番高い位置に
挿すかんざし
ブンガ カップ
Bunga Kap
17 × 30

印金帯
サブック プラダ
Sabuk Prada
830 × 10

腰巻
カイン プティ
Kain Putih
144 × 90

ムルルナカン衣装をまとっ
た女性。黄色の織物チャワ
ンガンを胸に巻いている。

紋織腰巻
ソンケット カランガッサム
Songket Karangasem
166 × 110

《ムルルナカン》

女性用印金下巻
タピ プラダ **Tapih Prada**
122 × 139

《ムムクル》

●ムルルナカン Melelunakan （火葬式の前）

　火葬式では親族の代表の娘が**ムルルナカン Melelunakan** という伝統衣装をまとう。華やかな色使いは、まるで葬儀とは思えないほど生き生きと色鮮やかである。

　葬儀の時に灰をかぶらないように黄色い頭の巻物**カイン クリック Kain Crik** を巻く、**テンクルック ルルナカン Tengkuluk Lelunakan** というヘアスタイルを作る。髪の毛を左側に一つにまとめ、耳から指5本分の高さでとめる。**アントール Antol**（**チュマラ Cemara**）という長い付け毛を地毛にかぶせる。

　黄色い布の**テンクルック**の部分を額、頭まわりに一周させてから、長い髪の毛を二つに折って、ヘアーネットでとめる。黄色い布の**テンクルック**の部分を下から上に巻きあげるように地毛の結び目に巻きつけ、頭上で左右に一周させて残りの布を左側にたらす。金のかんざし**ブンガ サンダット Sandat** を扇型にさし、小花のついた**ブンガ スマンギ Bunga Semanggi**（**プスポ レンボ Puspa Lembo**）を左側に挿して、中央の一番高い所にさす**ブンガ カップ Bunga Kap** で飾り、左耳に赤い花を挿して仕上げる。

　黄色は神聖さや喜びを表す色とされている。胸元には、奇数である7つの点をリキッドファンデーションで2列描き、悪霊から身を守るシンボルとして儀礼が無事に執り行われることを祈る。

　昔は帽子というものが存在しなかったので、髪の毛が汚れないようにタオルや布で覆って、物を運んだりするのに布が欠かせなかった。

　現在では、このように黄色い布でファッション化され、火葬式の他、パレードなどでも使われる主にデンパサールの代表的な衣装となっている。

ムムクルの衣装をまとった女性。
上写真は昔のスタイル、下写真が
現在のスタイル。

●ムムクル Memukur （火葬式後）

　ムムクルというバリ伝統衣装は、火葬式が終わった後に死者の魂を天界へ送る**ムムクル**という儀式の時に着用する。バリの人々にとって死とは、神々のもとへの晴れやかな旅立ち。

　日本ではお墓に入ると言うが、バリでは遺骨は骨ではなく、灰にして海に流す儀式を経て、家の敷地内にある内寺の祖先を祀る祠に迎えられて安泰となる。**ムムクル**には、清められたという意味をもつ白の衣装を着用し、**ペキル Pekir** と呼ばれる扇型の白い布を頭に巻く。髪の毛は、成人女性のヘアスタイルである、**サングル バリ Sanggul Bali** に結い上げる。

金のかんざし
ブンガ サンダット
Bunga Sandat
15 × 22

白いチュンパカ
10 × 13
儀式では生花使用

横挿し
ブンガ スマンギ
Bunga Semanggi
（プスポ レンボ Puspa Lembo）
5 × 15

赤い花
5 × 5
バラまたは
ハイビスカス

ムムクルの衣装女性用頭の巻物
ペキル Pekir
8 × 28

彩り豊かな供物と花の名前

●チャナン Canang

チャナンは、バリ島で毎日の生活の中で欠かせないお供物。**チャ Ca** は美を表し、**ナン nang** は目的という意味を持つ。

各家庭で、特別な祭りや儀式がない日も敷地内にある祭壇に、朝夕お供えし「今日もお守り下さってありがとうございます」と感謝を捧げる。**ブタカラ Bhuta Kala** と呼ばれる悪霊へ災いをおこさないように願う。善にも悪にもお供えするのは、両方のバランスが大切だと考えられているから。バリ島では、供物作りから朝が始まり、1 日を終える時も感謝の祈りを捧げこれが生涯続く。**チャナン**は、各家庭で手作りする場合と、市場で出来た物を購入することもできる。**チャナンとスゴハン**（→ p.75 参照）は、セットで供えられる。満月、新月、**カジャン クリオン**（霊力の高まる日 → p.32 参照）は、お供えの数が数倍に増える。毎日決められた時間に、決められた場所に、**チャナン**のお供えと、お線香と聖水**ティルタ**、米酒**ブラム**を使って家の中にも外にも良い気を運び、無事と平和を祈る。

白色・青緑・赤色・紫色・黄色

合同祈祷の時は、チャナンの上の花びらから、僧侶の指示した色のものを選択する。チャナンは手作りで花の種類が決まっておらず、チュンパカの花やクナンガ、ジュプンの赤色など別の色が入ることもある。中央の細く切ってある葉っぱは、クンバン ランペ Kembang Rampe（→ p.75 参照）。

《「チャナン」に含まれる物》

チュペール Ceper、タンキー Tangkih	チャナンの土台となる器。ヤシの葉から作ったものは、チュペール、バナナの葉っぱで出来たものは、タンキーという
ポロサン Porosan	キンマの葉と石灰から作られた供物、祈りを神様に伝える役割
ブラス Beras	生米はアートマ Atma を表す。アートマとは真我、愛、神聖。
テブ Tebu、ピサン Pisang、キピン Kekiping	テブはさとうきび、ピサンはバナナ、キピンは伝統的な米の薄焼菓子。創造、繁栄、破壊の象徴、ヒンドゥー教の三位一体を表す。
サンピアン ウラス Sampian Uras	ヤシの葉から作った円形のもので花を盛るためのベース

●クワンゲン Kewangen

手のひらサイズのブーケのような形の供物。儀式の祈りを捧げる際に用いる。

《「クワンゲン」に含まれるもの》

ブンガ ハルム Bunga Harum	香りの良い花、チュンパカ、クナンガ、ジュプン、水蓮など
クンバン ランペ Kembang Rampe	パンダンの葉で出来た供物
サンピアン クワンゲン Sampian Kwangen	ヤシの葉で出来た扇型の飾り
ポロサン Porosan	キンマの葉と石灰から作られた供物
ピス ボロン Pis Bolong	古銭
コジョン Kojong	アイスクリームのコーンを包むような、バナナの葉っぱで出来た円錐形のもの

●ガボンガン Gebogan

果物や、鶏肉、バリのお菓子を串でさして塔のように高く積み上げた供物。寺院礼拝や儀式に各家庭で作ったものを持って行く。祈り終えて浄められた供物は、家族の無事を願って食すると良いとされている。

お供物が乗っている木器がデゥラン Dulang。

●デゥラン Dulang

果物や供物を乗せる木器。彫刻やカラフルなペイントが施されている。

●ボコール Bokor

（→ p.61 参照）供物を入れるための銀の器。バリ舞踊、**ペンデットダンス**（奉納舞）など花をまきながら踊る時に手にボコールを持って踊る。

●ティルタ Tirta（アイル スチ Air Suci）

聖水。僧侶によって祈りがあげられた聖なる水。香り高い花で聖水をふりかける。穢れを祓い、浄められるとされる。バリヒンドゥー教は、別名聖水教とも呼ばれる程、ティルタ（聖水）は大切である。バリ人の日常生活でも日々の祈りに欠かせないため、各家庭に必ず関連する寺院から持ち帰ったティルタが常備されている。

● ブンガ Bunga

お花。花びらの色によって役割と意味がある。本来、ウィスヌ神のシンボルの色は、黒色であるが、お花の色では、黒色の代わりに、緑、紫、青も含まれる。

寺院で合同での祈祷の際、ヒンドゥー教の僧侶、プダンダ（高僧）または、プマンク（僧侶）がお経をあげる時に、『白色の花を手に取って祈りを捧げます』と言われたら、参拝者全員が一斉に白い花を手にとって祈る。同様に、赤色、黄色、緑色と順番に神々を象徴する色の花びらを手にとって祈り終えると、その花びらをそっと放つ。最後は何も持たないで手の平を合わせて祈り、祈り終えた印に一輪の花を耳に挿す。

チュンパカ Cempaka

インドネシア語…チュンパカ Cempaka
英語…マグノリア チャンパカ Magnolia champaca
日本語…キンコウボク
婚礼の花嫁のヘアに使う代表的な花

クナンガ Kenanga（サンダット Sandat）

インドネシア語…サンダット Sandat
英語…イランイラン Ylang ylang
日本語…イランイラン
金のかんざしはこの花をモチーフにしている（右写真）。花嫁のヘアには、生花とかんざしの両方を使用する。

ジュプン Jepun

インドネシア語…カンボジア Kamboja
英語…フランジパニ Frangipani またはプルメリア Plumeria
日本語…プルメリア または フランジパニ
婚礼の花嫁のヘアやバリ舞踊で使う代表的な花

お供物を作る時の花の種類は写真のものに限らず、その色が含まれていれば良い。（注意）花の種類＝神様ではなく、例えばチュンパカの白色がイスワラ神、ということにはならず、ジュプンの花の白色でも良い。

● クンバン ランペ Kembang Rampe

パンダンの葉を細かく刻んだもの。供物チャナンの花の上の中心におく。知恵の象徴。

● レパ Lepa（ボレ ミィック Boreh Miik）

黄色い粉末の香木の粉。良い態度や行動の象徴。チャナンに含まれるもの。

● ミニャック ワンギ Minyak Wangi

香油。仕上げにふりかける。内側の平和と自制の象徴。チャナンに含まれるもの。

● Dupa デゥパ

お線香。チャナンをお供えする時にお香を捧げる。神と繋がるための橋渡しの役割。神々に喜んでもらえるように、多く祈りを届けたい時は、タバコや、クッキー、飴、小銭などを追加で入れる。何を追加するかは、時と人によって異なる。

● スゴハン Segehan

バナナの葉に色粉をつけたご飯をのせた供物。朝一番の炊きたてのご飯は、人間は食べずに、スゴハンの供物のために先に取り分ける。色粉の色は、赤、黒、黄で、白ご飯に混ぜて作る。すべての色を混ぜた混合色は中心におく。それぞれのお米の色に意味があり、東西南北、すべての神々の方角にお供えする。

悪霊に捧げるのはスゴハンで、魔除けのために、赤タマネギのスライス、ココナツの粉末、米、塩をかけて仕上げる。花の色とスゴハンの色は共通。

白色	風の神	イスワラ	東の方角
黄色	土の神	マハデワ	西の方角
赤色	火の神	ブラフマナ	南の方角
黒色	水の神	ウィスヌ	北の方角

バリ島の歴史

=インドネシア領

スマトラ島　カリマンタン　スラウェシ島　マルク諸島　パプ

タイ　ベトナム　フィリピン　マレーシア　インドネシア　インド洋　オーストラリア

ジャワ島　バリ島　ロンボク島　ヌサ　トゥンガラ諸島

●バリ島の歴史と地理関係

　バリ島は環太平洋造山帯に属する小スンダ列島の西端にあり、インドネシアの島々のほぼ中央に位置するインド洋に浮かぶ島。島の東にはロンボク海峡を挟んでロンボク島があり、西にはバリ海峡を挟んで大スンダ列島に属するジャワ島がある。アジア最古の人類が発見されたジャワ島から、バリ海峡の最も狭い所は 3km 程であり、古代から人が居住していたことも推測されている。

　このような地理的関係にあるバリ島は、広くはインド洋を中心にフィリピンから紅海までを繋ぐ「1 つの海」の周縁に位置し、他の東南アジア地域と同様、古来より、この広大な海における交易を介した人と物、言葉と思想の流動、交通の一地点となった。そしてこの交易を統制すると共に、人々の生活の小宇宙を形成する王国が誕生し、バリ島の「歴史」が紡がれ始める。

●バリ島歴史ダイジェスト

1. バリ先史時代　ドンソン文化

　バリ島は紀元前から人が移り住んだとされ、紀元前 1 世紀頃からインドや中国の影響を受けるようになる。ベトナムを発祥とするドンソン文化の影響も受けており、ウブド近郊のペジェン村にあるプラタナン・サシ寺院にある銅鼓はその金属器文化の影響を今に伝えるもの。ペジェンの考古学博物館には石器、石棺、青銅器、碑文など先史時代から歴史時代の遺物が展示されている。

2. ゲルゲル王国

　9 世紀頃バリ島は、ジャワ島やスマトラ島の王国との交易が盛んに行われていた。11 世紀のバリの王、ダルマ・ウダヤナは東ジャワの王宮から王妃を迎え、その長男は東ジャワの王となったことから、バリは東ジャワの影響を強く受けることになる。13 世紀にマジャパイト王国の侵攻を受け、ワルマデワ王朝は衰退。その後のバリは、マジャパイト王国からやってきた末裔を王として、ゲルゲル王朝を築き、間接的にマジャパイト王国の支配下に置かれた。

3. ジャワ・ヒンドゥー文化

　マジャパイト王国もイスラム勢力の侵入によって衰亡し、マジャパイトの王族、祭司、学者、工芸師たちはバリ島に逃れてくる。そして彼らの影響によって、影絵芝居や絵画、木彫りなどジャワ・ヒンドゥーの影響を受けた文化がバリで開花することになる。また、当時ジャワからやってきた高僧ニラルタは、ウルワツ寺院 や タナロット寺院などの寺院を各地に建立し、宗教面でもヒンドゥーが浸透してきた。

4. ゲルゲル朝から9王国時代へ

17世紀になるとゲルゲル朝の繁栄も長くは続かず、1710年にスマラプラ王宮（クルンクン）に遷都することになる。新王朝クルンクン朝には、ゲルゲル朝のような権勢はなく18世紀末までに小王国に分離独立してしまう。バリ島はクルンクンの他、タバナン、バドゥン、ギャニャール、カランガッサム、バンリ、ジュンブラナ、ブレレン、メングイの9王国に分かれ、互いに覇権を争う時代が続くが、メングイは1891年に周辺国の連合軍に攻められ滅亡し、残る8王国の勢力範囲はオランダの植民地化で新たな行政単位となり、今のバリ島8県へと引き継がれている。

5. オランダによる植民地時代と
　バリ・ルネッサンス

19世紀になるとヨーロッパ列強の覇権争いが激化。オランダは、バリ島全域を植民地化する。王族貴族のみならず庶民も最上の衣装を身につけ、砲撃の中を死を覚悟した壮麗な行進をを行う。この行進は **ププタン** と呼ばれる "無抵抗の大量自決" で、これ

により国際的な非難にさらされたオランダ政府は、バリ島の伝統文化を保全する政策を打ち出すことになる。この政策によってバリ島は "最後の楽園" として欧米に紹介され、ウォルター・シュピースなど多くの芸術家がバリ島を訪れるようになる。こうした欧米人の影響を受け、1930年代には、現在の観光での演目であるバリ舞踊やガムラン音楽の他、バリ絵画のスタイルが確立されていく。州都デンパサールのププタン広場に記念碑が残されている。

6. 植民地時代と宗教文化

伝統文化保護政策にとって大きな影響を与えたのが、1917年以降の厄災。バトゥール山大噴火の影響によるバリ島南部大地震。翌年から疫病が大流行。こうした災難をバリの人々は、当時の政治的・社会的な混乱の中で神々に対する儀礼をおざなりにしていたことに対する神の怒りとして捉えた。そこで穢れを祓うために、

総本山であるブサキ寺院を修復し、大きな一対の人形**バロン ランドゥン**の練り歩きや、憑依舞踊**サンヒャン ドゥダリ**、舞踊劇**チャロナラン**が盛んに行われるようになり、呪術的な儀礼や祭礼がバリ中で活性化することになる。こうした現象は、バリ人の危機感に由来するものであったが、植民地政府からはバリの宗教文化の活性化と映るものであった。

7. 太平洋戦争と独立闘争

太平洋戦争中の1942年、日本軍がバリ島を侵攻しオランダに代わってバリ島を占領する。1945年にはスカルノがインドネシア共和国の独立を宣言しバリ島も「小スンダ州」として共和国の一員になる道を歩み始める。しかし新体制を模索する中で、1946年にふたたびオランダ軍が上陸し、バリ島で激しい戦闘が行われる。この時、戦いの中で壮絶な死を遂げたグスティ・ングラ・ライ中佐率いるゲリラ部隊は全滅し、バリは再びオランダの間接統治となる。

バリの英雄として、現在もングラ・ライ空港（デンパサール空港の正式名称）や、バイパス・ングラ・ライ（道路の名称）に名を残している。ゲリラ部隊を鎮圧したオランダは再び間接統治を行うが、その後共和国派が優勢になり、1950年をもって、ついにバリ島はインドネシア共和国の一員となった。ングラ・ライの部隊のほか、独立戦争に参加した日本人も含め戦士たちは、今もマルガ英雄墓地公園に眠る。

8. インドネシアの中のバリ島
　世界有数リゾートへ

1970年以降、バリ島はインドネシア随一のリゾートとして位置づけられ、「バリ島独自の芸能や文化」を生かした、世界中から観光客が訪れる観光地として発展している。ヒンドゥーとバリ土着の信仰が融合したバリ・ヒンドゥーはバリにしかない独自の世界観を築き上げ、単なる世界有数のリゾートにとどまらず、現在でも独特な祭礼や儀式に多くの時間が費やされ、バリ島の奥深い魅力を形成している。

●バリ島 年表

紀元前 300 年頃	東アジアで発達していたドンソン文化（青銅器文化）がバリ島にも影響を及ぼす。現在プナタランサシ寺院に安置されている銅鼓もこの時代のものと言われている。
4 世紀頃	ジャワ島との交流が盛んになり、政治はジャワ王の影響が強くなる。このころに、ジャワ島を通じヒンドゥー教、仏教がバリ島に伝来する。
882 年	バリ最古の石碑に刻まれていた年。
10 世紀半ば	ワルマデワ王朝の成立。
11 世紀頃	ジャワの暦（サカ暦）が採用される。
1016 年	ジャワのクディリ朝崩壊。エルランガが、クディリ朝を再統一
1343 年	ジャワのマジャパイト朝がバリへ侵攻。ワルマデワ朝が、マジャパイト王国に征服される。
14 世紀末	ゲルゲル朝の始まり
1515 年	マジャパイト朝がイスラム勢力により衰退。これ以降バリ・ヒンドゥー文化が確立されていく。
16 世紀半ば	ゲルゲル朝の最盛期。バリ宗教文化の原型が作られた時代と考えられる。
1597 年	ハウトマン率いるオランダの巡洋艦がバリに寄港する
1602 年	オランダ東インド会社設立
1710 年	ゲルゲル王朝は、クルンクンへ王宮遷都
18 世紀	クルンクン朝から各王国が分離独立し、9 王国時代となる
1811 年	ナポレオン戦争を受けて、イギリスがオランダ領東インドを占領 1830 年代オランダがバリの支配に乗り出す。
1882 年	シンガラジャにオランダの行政府設置。バリの北部ブレレンと西部ジュンブラナ 2 王国がオランダの統治下に入る。
1891 年	メングイ王国滅亡。8 王国体制になる。
1894 年	オランダがロンボック島のバリ王朝を滅ぼす。
1906 年	バリ南部のバドゥンとタバナン、2 王国がオランダに支配される。
1908 年	クルンクン王国がオランダ軍に敗れ、バリ島全土がオランダの植民地支配に入る。
1917 年	バトゥール山の大噴火により南部バリで大地震が発生。
1924 年	オランダ領東インド内を周遊する観光定期船が就航。バリ観光の幕開け。
1930 年代	画家ウォルター・シュピース、ミゲル・ゴバルビアス、音楽家コリン・マックフィーなどが訪れ、バリ文化のルネッサンスが始まる。サヌールビーチが欧米人で賑わうようになる。
1939 年	第 2 次世界大戦が始まる。
1940 年代	インドネシア独立戦争でバリの英雄ングラ・ライが指揮をとる。
1942 年	旧日本軍がサヌールに上陸。日本の軍事支配下に置かれ、オランダはバリから撤退する。
1945 年	第 2 次世界大戦終結。インドネシア独立宣言。
1949 年	ハーグ協定により独立が承認される。
1950 年	バリ島がインドネシア共和国に編入。
1958 年	バリが州に格上げ。
1963 年	アグン山 1350 年ぶりに大噴火。
1965 年	国軍軍人のクーデター未遂事件。
1967 年	スカルノ大統領失脚。スハルト大統領が就任。
1969 年	インドネシア第 1 次 5 ヶ年計画開始。戦後のバリ観光開発が本格化。
1996 年	ブサキ寺院にて 100 年に一度の祭礼が行われる。
1997 年	インドネシア通貨危機。翌年スハルト大統領辞任。
2002 年	バリ島クタで爆弾テロ事件が発生。
2005 年	ジンバラン、クタエリアで同時多発自爆テロ発生。
2009 年	インドネシアのバティック（ろうけつ染め）がユネスコ世界文化遺産に認定される。
2012 年	バリ州のバリ・ヒンドゥー教のテゥリ ヒッタ カラナ哲学を元に独自の水利システム「スバック」によって維持される水田地域の文化的景観がバリ島初のユネスコ世界文化遺産に登録 ＜5 つの認定エリア＞バトゥカウ山保護地区スバック（棚田）の景観／タマン・アユン寺院／バトゥール湖／ウルン・ダヌ・バトゥール寺院／ブクリサン川流域のスバック（棚田）の景観

《巻末特集》

BALI って、どんなところ？

IKUKO 式

人々の暮らしや、考え方など、
約 20 年間住んでわかった
バリの幸せ方程式

もう、そろそろバリ島辞めないと、ある時期がくると、ふっとそういう思いがやってくる。長く関わっていたら特にだ。波のように、ザブン、ザブン引き寄せられたり、引き離されたり、人とのご縁も、良いものはつなぎ、容赦なしに縁切りも。

何かがクリアになったり一つのこだわりが急に溶けてしまったり。包み込む大地、風がそよぎバナナの葉が揺れる音、南国の花々と鳥の鳴き声、何もかも忘れてしまいそうな雄大な夕日。ヤシの木に星降る夜。何度聞いても落ち着ける静かな波の音。うっとりする。

1990年代多くの日本人女性がバリ島へ移住した。きっかけは色々で、魅了されたからバリ島を選んだに間違いない。何かを好きということに理由はいらない。これからバリに行く方の役に立てばと、書き溜めていたことをご紹介したい。

バリ島におしゃれなカフェや高級ヴィラ、ショッピングモールが出来ても、最新の空港に生まれ変わって、初めて訪れたときの真っ暗でまるでバス停のような空港とは全く違っていても、人の根本的な気質は変わらない。

ちゃんとサンダルをお尻にひいて床に座って待っている。空港を出た瞬間の匂いとまとわりついてくるような、甘美な香り、酸素の密度が濃い、肩の力がぬける。呼吸が楽になる。日本だと話しかけないでと背中で語ってるような感じだけれど、ここでは、背中、肩、全体が緊張感なくノビノビしている。異国の地バリ島でバリ人として生きた20年。バリは私の故郷。バリ島の海を見ると涙が勝手に溢れてくる。何故かはわからない。ここで、生まれたワケでもないのになんだか無性に懐かしい。ここでは、子どもみたいに無邪気で全面の感情が出せる。シンプル、食欲と睡魔。笑う、泣く。赤ちゃんになったみたい。初めて訪れる人もきっと何かが懐かしく感じられる。

あえてこれが幸せですと、取り出して確かめなくても、ほのぼのした幸福感につつまれて、いつでもやさしく抱かれる大地。自分にできないことは他人にまかせておけばいい。自分が大好きで、人生を難しく考えない。

自分が中心にくつろいでいる人は、周りに絶対的な安心感を与える。幸せは、セミナーや啓発など、何かの知識で取得するのではなく、生まれた場所に、独自の儀礼と音楽と舞踊、伝統衣装があり人間として丁寧に尊く扱われれば、知ることができる。自然に身についていく、人間力と崇高なエネルギー。

がんばるという言葉のない国から、ハッピーオーラをあなたのこころに届けたい。"あるあるバリ島"いろんなエピソード。

考 インドネシアの若者は世界一幸せ

希望を持つ割合90%。問題について考えすぎず不安を抱えず幸福の感情を持つ割合40%で、20ヵ国15歳から21歳調査トップ。

深刻ぶって生きない、たとえそれが重い問題でも、大変と言ってしまうと、大変な人生を呼び込んでしまう。病気も同じで、毎日病気や薬の話をすると、病気が喜んで取り憑く。声で発したり、心で思い悩んだ通りの人生を自ら呼び寄せることになる。

日本では、将来の不安を煽られるような、情報ばかりが目に飛び込み、洗脳されてしまう。バリ流は、将来どうなるかなんて、人間が勝手に、決めてはいけない。起こってもいない問題について、対処しようとするのは、無意味。日本人は、なんでも書いてあることを鵜呑みにして、パーセンテージや統計に弱い。それが、日本に戻ってきて一番、寂しく感じられる。こんなに恵まれた国は、世界でもないのに、修行のように暗く息苦しいところが目につく。同じ地球上で生き同じ時間を過ごすのに、幸せに思うのと、いつも不安にかられるのでは、空気感が違う。幸せと思っている人口が多いほど、たとえ幸せを感じにくい人までも、恩恵を得られる。幸せは伝染する。何にもないところに、幸福を見出せる、空気感を変えられる人間力は、見習いたい。

暮 独立より依存しながら生きる道

日本は、独り立ちできるように教育を受け、大人になる。バリを含めアジアでは、独立よりも家族や誰かに寄りかかって、生きていくように教えられる。親もたくさん子どもを産んでおけば、誰かは病気にならず、生き延びて、成功した子どもからお金をもらおうと思っている。一族で暮らしていれば、ほとんど働かなくても餓死しない。村の行事に参加していれば食事は出る。家で何人かだけ収入があれば、米を買う人、油を買う人、公共料金を払う人など、分担できる。電気、ガスなしの田舎では、川で洗濯、ヤシの実や木で炊飯。そこに仕事をしていない人が家事を引き受けたり、赤ちゃんの世話や、学校の送迎などをする。老人もみんなでお世話をするので孤独死はない。羨ましいくらい恵まれている。

食 残しがち

食べ物も一粒残らず食べたら、品がない。飢えた犬のようだと思われるので、少しパラっと残しているくらいでちょうど良い。

考 フェイスブック（SNS）大好き、自分大好き

日本人は、自分を愛したり褒めるのが苦手だが、インドネシア人は、フェイスブックに自撮りを数時間ごとにアップする。いつも鏡で最高の角度を探していたりする。フェイスブックの友達の人数も半端ではない。たくさん友達のいる自分が世界で一番好き。

どんなことがあっても、めげない精神力。絶対に大丈夫と、簡単に自分を不安にさせない。"神様は、そんなに簡単に私を死なせない。ちょっと踏み外して遊んでても大丈夫。"と、楽しく生きるエネルギーでいっぱい。歌を歌い、楽器を奏で、踊りながら、肩を組んで歩く。

でも怒る時は、全力で。喜怒哀楽が激しい。顔が傷だらけ、猫にでもやられたのかと思ったら、夫婦喧嘩で、顔を引っ掻いただの、小指を噛まれただの、感情むき出し。穏やかな人達なのに、唐辛子を食べてるせいなのか？すぐに、カッカする。のんきなのか、短気なのか？

普通なら立ち直れないくらいの仕事のミスをしても、次の日は平気で鼻歌歌って出勤してきたりする。一晩眠って、他に良いことがあると、すっかり忘れてしまうのか？悩み事があっても、まず解決策よりも、睡眠をとる。"食べてから考えよう、眠ってから考えよう"と、ドンドン問題を引き延ばす。それでもわからなかったら、夢占いやバリアン呪術師のところに行くとか…。「チョバアン Cobaan」と言って、神様から今、生き方を試されていると考える。「チョバ」は、試すの意味。神様は、何かを教えてくれるためにそういった、無理難題を人間に与える。人間だけが不完全につくられているから。「カシ サヤン Kasih sayang」は、"愛おしく思う"ということ。カシは、与える＝愛は、神のご配慮、ご慈悲だから。どんなふうに転んだとしても歩む道は用意されている。1日も休まず私たちを見守ってくれているのだから、安心して神の采配に任せておけば大丈夫。

崇高な宗教の教えは沢山あり、お祈りも大真面目にやってるけれど、やはり生身の人間が生きている。

宗 村での儀式にて

村の儀式の時は、大勢の前で聖水を飲まないといけないけれど、何かに嫉妬がある家族だとマジックをかけられるかもしれないから、飲んだふりをする。手で受けているけど、飲む時にうまくこぼす。ニコニコしてるけれど、心ではどう思ってるかわからない。夫婦であっても、簡単には信頼はしない。心に侵入されない強固な壁を作っておくらしい。それが村で生きていくコツと聞かされた。バリでの生活は、こんな些細なことから、気をつけないといけない。

宗 聖水は大切

　浄化作用のある聖なる水は、各部屋の祭壇プランキランPelangkiran に置かれていて、場を浄めたり、自らも浄める。この入れ物で大丈夫？という保存状態。瓶入りでも、瓶が栄養ドリンクの空き瓶だったり、駄菓子を入れるような入れ物。聖水だけど、ボウフラ？沸いてない？チリやゴミ入り？気にしなければ聖水だけど…。

　お寺でいただける、お花の香りのする聖水は、気分もスッキリ、頭にかけてもらった瞬間に何かがスーっとする。体の周りの色が変わっていくような感覚。

暮 子孫繁栄

　結婚年齢がとても若い子が多い。20 歳までには産んでしまう。まるで子どもが、子どもを産むよう。育児の面倒も、上の兄弟が上手にあやす。

　40 代だと孫がいて普通。子孫繁栄が一番、人生の最後を看取られる火葬式までに、次の命を宿すことが一番大事。経済事情よりも、仕事や家がなくても OK。旦那さんになる人の家に嫁が入るだけなので、新しい家を建てなくてもなんとかなる。実家はどんどん人が増えていく。

　日本は、核家族が進み、ローンで新居を建て、外に共働きに出てかわいい子どもは保育園に預け、お金が非常にかかる。バリでこの話をすると、"そんなかわいそうなのは、いけないね。あまり、住まないお家にお金をかけ、仕事に働きに出て家にいられないなんてとんでもない。一番かわいい時に預けるなんて、ひどい。お金は便利だけど、ドンドン家族がバラバラになるでしょう。"など、悲惨な顔をして憐みをうける。

　男性も子どもの面倒見が上手。寝かしつけたり、あやしたり、ミルクを飲ませてあげたり、兄弟姉妹の面倒を見てきたので、普通にできる。また、赤ちゃんもみんなであやすから、お母さんの負担は少なくてすむ。いろいろな人が抱っこしても平気な環境で育つので、めったに泣かない。

　子ども達は、小さい内から上手にナイフを使い、火も扱える。そして人懐っこく、よく笑う。お腹が空くまで外で走り回っている。元気な活気のある様子は、まわりもイキイキする。学校が終わった後も、目を輝かせながら自転車にのって秘密基地に行くのか？川に行くのか？いつも嬉しそうにしている。学校に通えるのも喜ばしいこと。大きくなっても着られるように、少しブカブカの制服を着て、得意げである。幼稚園から帰ってもずっと着替えるのをおしそうにしている。

食 健康管理にすぐれた食べ物

　お腹がゆるい時は、サラックの果物、別名スネークフルーツ。皮が蛇皮のように見える。パキパキの皮を剥いたら中は白い果肉でシャリシャリ。サラック バリとサラック ジャワは、味が違う。ジャワの種類は、ポンドックという。バリのサラックは酸味が強くてシャキシャキ。ジャワのは、甘みだけでスカスカなりんごみたい。バリ島に観光で来るジャワの人には、バリのサラックは人気で大量にお土産として買って帰る。

　便秘気味の時はパパイヤ。お通じが良くなる。インドネシアのパパイヤは、大味なので、少しライムをかけると食べやすい。物忘れやスタミナアップには、ドリアン。濃厚な味は期間限定なので一番高級な果物。ドリアンは匂いがきついので、ホテル持ち込み禁止。車の中においても匂いが何日も取れない。ドリアンの実を車の外に吊るして走っている。外の皮は、強固な上にトゲがあるので、ナタで割って中身を取り出す。食べた後に、ドリアンの皮の中に水をはり、その水を飲むと口臭が取れる。その水で手を洗うと、手の匂いも取れる。摩訶不思議。どの人も、このことを教えたがる。

　ココナツの中身は、万能のお薬。体の調子を整えてくれる。体温を下げてくれる。水分補給。やしの実ジュースを飲む時は、すべてをニュートラルにするので、普通の錠剤と一緒に飲まないこと。全然効かないと言われている。

　ドラゴンフルーツも体の調子を整えてくれる。果肉はピンク色と白いものがある。

　青汁やパパイヤの葉を煎じた物、ウコンを使ったドリンク、どれも良薬口に苦し、天然素材で、副作用もなく安心。妊活するなら、パイナップルはダメ（女性）、なすびはダメ（男性）、妊娠中ならタコやイカは足が絡むからダメらしい。

妊活と迷信

家の掃除をする時も、ほうきで床を掃く時に、扉や入り口の手前でやめるのではなく、ちゃんと外まで掃き清める。途中で掃くのをやめると、産むときに苦労するか難産になりやすいという迷信。

まったく根拠がわからないけれど、生理痛の時にスプライト、妊娠を望まない女性もスプライト。"もうこれ以上子どもはいらないし、スプライトをいっぱい飲んだけど、なんかまた出来たみたい。"ってあなた、旦那が働かないから、離婚したいって最近言ってたんじゃなかったっけ？　日本の真逆で、子どもが出来過ぎで困るらしい。最近太ってきたわ。食べすぎよねっと思ってたら、赤ちゃん出来てたんだって、ワッハッハ〜。全然、気にしてない。この大らかさと、たくましさ。

妊娠って連鎖するの。ご近所さん同士、生活を共にしてたらほぼ同時に出産日が揃ったりもする。生理日も記録してないし、体温も測らないし、産む時も慣れたもので、顔に皮がついてるような新生児を抱っこして歩いて帰ってくる。産む寸前まで、普通に日常のことをこなしている。別にチヤホヤされない。

たとえ、死産しても、事故や病気で命を落としても、"この子は、最初から、現世でココまでの日だけ、一緒に居られるように預けられたもの。神様に愛されてあちらに呼ばれただけだわ。"と、落ち込み泣きもするしひどく取り乱すけれど吹っ切るのが早い。しばらくしたら、また赤ちゃん出来たみたいなの。っていうことになる。潮の満ち引きのように、人の移り変わりが早く去っていくのも早い分、早く生まれ変わり、生命の移り変わる速度が早い。髪の毛が伸びるのも、爪が長くなるのも早い。

満月とニュピ（バリ島の新年）は、夫婦生活は控える。妊婦さんも旦那さんも妊娠中は、髪の毛を切らず、ヒゲもそらない。めでたくお母さんになれた人で髪の毛を切りたければ、赤ちゃんが生まれて3ヶ月を越えてからの方がいい。僧侶など特別な地位の人は、お供え物をして、しかるべきでないと髪の毛が切れない。

日本でも髪は女の命とか、頭を丸めて仏門にはいるとか、お相撲を引退とか、髪を神聖視したりケジメのようにも取られるが、バリでも髪には特別な力が宿ると考える。呪術的な踊りをする時は、髪の毛は、だらんとおろしたままで、儀式布を頭にかぶる。

優秀なガソリンスタンドの理由

払う料金は同じでも、満タンになる店と、ならない店がある。メーターは回ってるけれど、出てる量が少ないとか、イカサマなガソリンスタンドもある。ちゃんと、メーター通り入れていますと看板や横断幕でアピール。

バリカレンダー

210日で一年。バリカレンダーに満月は赤丸、新月は黒丸の印が入っている。太陽にまたがれるのは良くないとされるので、お日様がお出ましになる前に、先に起きて待つ。朝は、星が出てる頃から活動を始める。涼しいうちに用事をすませて、朝の10時までにはひと段落つけておく。

"またぐ"行為は、非常に嫌われる。売ろうとしている商品をまたぐとゲンが悪いと言われ、寝っ転がっている人の上をまたいだり、お供物を作っている最中に、その上をまたぐのも、良くないこと。

お供えは供えてしまえば、犬に食べられようが、ニワトリに蹴散らかされ、牛に踏まれても、全く問題ない。供える瞬間が大事で、神様は気を召し上がられる。お供物によっては、勝手に片づけないで、何日か放置してないといけないものもある。ここのお家では、この儀式のお供物をちゃんと捧げましたよと示すため。

感謝の形

毎日、無事健康で平和でありますようにと願う。普段はなにもせず、自分の困った時だけ、神様なんとかしてくださいと突然神頼みをするのではなく、どんなことが起きようとも天を恨まず、日々、感謝を捧げる祈り方が最善とされている。

ある日、神はどこにいるのと、バリの人に聞いてみた。"あの葉をみてごらん。風にそよいで揺れているね。自分の力で、あなたはこの場所からあの葉を動かせますか？あの風のそよぎにも神がいるんだ"という。風によく葉にも、いつも守ってくれる神を教えてもらうので、良い日であろうと、最悪の日であろうと、お供物を人間の都合で止めない。それは雨を降らし、太陽の光、神様は面倒だからといって、1日足りともさぼったりはしていない。あなたは、怠け者の人間だから、朝日はあげません。水もあげませんというのではなく、どんな人でも分け隔てることなく平等に降り注いでいる。自然は時に厳しく容赦なしに天災をもたらす。それでも自然の恵みに感謝を捧げる。そういった感謝の心がバリ島独自のお供物の形になっている。

月を愛でる

9月の中秋の名月。日本は一年に一回。バリ島では月の満ち欠けで宗教儀礼が異なる。空をみて月の形で、"そろそろ満月なのでお供えの準備をしましょう"というように、ひとつの生活のバロメーター。通常お寺は儀礼のない時はもぬけの殻。何もない。儀式の時だけ飾り付ける。

宗 星座や血液型、干支はどうでも良い

血液型や干支を聞かれることは、ほとんどない。世界で気にしてるのは、日本人くらいかもしれない。血液型や干支を一生知らない人もいる。それよりも何教を信仰しているか、が一番大事。

この部分がないと人格がないのと同じ。宗教が揃っていないと結婚も出来ない。宗教省と役所の2ヶ所に婚姻届が必要。離婚する時も同じ2ヶ所に届け出る。

最後の手段で日本に子連れで逃げ帰っても、結婚の手続きをインドネシアでしていた場合、日本側だけでは離婚成立が出来ないので、相手が行方不明になる前に、多少お金がかかっても手続きを済ませておいた方が、後の人生スッキリ。ただし、またインドネシアに戻る予定のある人は一応、籍を残しておいた方が子どもさんは、ラッキーかも。国際結婚する人は、相手がどの国の人であれ、不謹慎だが、離婚の仕方も調べておいてからの方が安心。

考 証明書のなぞ

証明書の生年月日や名前までも書類ごとに全部違うこともある。インドネシアにKTPという身分証明書がある。顔写真入りで国民全員に番号が入っている。運転免許書、家族証明書などには、生年月日、身長、宗教が書かれている。

車の免許更新の時に、誕生月に行ったら今月はもう終わってしまうから、もう1ヶ月伸ばしておいてあげたよと言われたことがあった。よく見ると私の身長が、前回の更新よりも5cmも伸び、11月生まれなのに12月になっていた。

私だけではなく現地の人も、一文字入力間違いで、"5年後まで修正できない" なんて笑う。

あんまり年配の方など、生まれた年も適当に日本軍がいた頃など勝手に作られる。日本人でクリスチャンなのに、証明書は、いきなり仏教徒にされていた人も。

とにかく、各種証明書の内容がバラバラなのに、通用するのがすごい。それでも所持していないよりはマシ。ただしサインだけは手書き。偽装する時は、サインの練習と賄賂。

子どもが幼稚園や学校に入る頃になってようやく出世届け作らないとなど、何でも書類が一番最後。早く作成して欲しければ、それ相当の金額を出せば出頭しなくても家まで届けてくれる。公の場所は、時には並んでも並んでも、何もなされない。これもみんな内々で承知している。

なんでも一番大切なことで、ここをちょっと気を引き締めて頑張りましょうというところで一気に力を抜くのがインドネシア流？

考 責任追及するのはよくないこと？

インドネシアでは、誰が悪いとわかっていても、謝らないし、責任追及するのはよくない。相手の記憶から消えるまで辛抱強く放置される。何かクレームしようとしても、こんなに商品が沢山あるのに、ヘンな物を買ったあなたが悪いとなる。クレームを言われた人が可哀想なので、誰もあえて言わない。言ったところできっと何も解決されないから、最初から諦めている。例えば、ギフトで渡される記念品の時計には、まったく違うお店の名前と連絡先がプリントされている。こんな景品配ってどうするのかと思うけれど、もう一回作ってまた間違ってたら面倒だし、「みんな、僕のこと知ってるから大丈夫だよ」などという。印刷物を発注したら電話番号が違うパンフレット、色指定もまったく違う。どれもこれも最低なのに、配達する人は、鼻歌を歌いながら、「配達でーす。」こんなの受け取れないとゴネても、「大丈夫。こっちの色も前より良いよ！」こういうことは、日常茶飯時。

暮 バイクの運転は曲芸に近い。どこから交通ルール違反？

家族全員が乗れるシートの長いバイクしか流行らない。バイクや車は日本よりも値段が高く、関税で倍ほどの価格になりローンで買う。

もっぱら移動はバイク。平行バランスがすごい。小学生でも乗っている子がいる。違法だが、お金にならないから警察は取り締まらない。トラックの荷台に乗るのもOK。楽器の運搬や、寺院参拝で、荷物ごと乗れる。正装衣装を着ている時はノーヘルOK。警察も取り締まらない。正式なヘアースタイルや、お供物を頭に乗せていると、ヘルメットが被れない。寺院礼拝や儀式に参加することはとても良いことで、神に守られてるから大丈夫らしい。

食 お茶を入れるときのコツ

店員さんが、なみなみと注いだお茶をこぼしながら運んでくる。7分目など上品にするとケチと思われる。熱すぎる飲み物は、歯が悪くなるといって嫌われる。単純に猫舌の人が多いだけで、カップソーサーの皿にあけて飲む人もいる。食器を愛でる文化は無い。ジェンガラケラミックやバリケラミックなど、バリで作られている可愛いお皿も、レストランやホテル観光客のお土産用。

飲み物は激甘にする。昔、遠くからきた人には貴重な砂糖を入れてもてなした名残。シロップでカゲロウみたいな滞っている紅茶は最初から甘い。売っている緑茶も、砂糖入り。

暮 素足で生活

靴はサンダルが多く、脱ぎっぱなし。下駄箱はなく、つま先を揃えて並べる向きを変えるというような丁寧な習慣はない。裸足で、サッカーをしている。

暮 香りのバランス

日本は、抗菌・除菌・無臭が売りの商品が多い。インドネシアでは、なんでも香りを足していく。お香、アロマ、柔軟剤、芳香剤、香水、匂い付けが得意。水が良くないせいもあり、柔軟剤も使うし、アイロンをかける時も、香り入りのスプレーをふる。

暮 バリの住居と暮らし

バリの伝統的な家の造りは人間の体のようになっている。敷地内にある「サンガ」内寺、寝室、母屋、儀式小屋、台所、トイレが独立している。人間でいう頭＝「サンガ」になり、日本で言う神棚と仏間が同時に屋外にまとまっていると思えばよい。腕＝寝室、母屋、へそ＝中庭、儀式小屋、足＝台所、排泄＝浴室兼トイレという考え方だ。バリ人の親族は、ひとつの敷地内に住み、共通の家族祠を祀り、門と台所を共有する本家とつながりのある数家族で構成される。男の子は生まれた家に残り、そこに順番に年頃になればお嫁さんがやってくる形態。核家族ではなく、家の中がひとつの学校のように賑やかである。

儀式小屋バレは、柱と屋根だけで、壁は一面か二面しかおおわれていない、オープンエアで、全部タイル張り。シンプルだが柱は美しく彫刻が、屋根瓦の先端にも彫り物が施されてあり手が込んでいる。涼しい風が吹き抜けクーラーもいらない。ここで日々のお供えものを作ったり、誕生祭など家族の儀式を行う。儀式のある時にはここに飾り布や椰子の葉で編んだお飾りをつける。

寝室や母屋は4面囲われており、ガラス窓の上に、ロスタルという明り取りと風取り用の小さい棚のついた窓がある。ここには網戸が存在しないので、風のほか、埃もゴミも、落ち葉も、蚊も出入り自由である。

寝室といえば、眠る時に頭を向ける方角。バリでは神々は山の頂きに、魔物は海に住むと信じられていて、バリヒンドゥー教の総本山、ブサキ寺院も聖なるアグン山の中腹に建っている。内寺「サンガ」も敷地内でその方角に立てられる。眠る時は聖なる方角「サンガ」に足を向けられない。昼寝をする時も方角を気にしている。バリ島民の90%はヒンドゥー教を信仰。バリの家の配置もこういったバリ独特の宇宙観をあらわしている。頭が山側、足が海側。アグン山を島の中心とし聖なる方角とすると、反対の半島に住むものは向きが逆になる。

暮 意外と厳しい公共料金

電気も、水も、電話料金も、支払日を過ぎて、入金が確認されないと容赦ナシに止められる。たとえ、こちらが支払いに行っていても、コンピューターがダウンして払えなかっただけでもダメ。早目に払いたくても、祝祭日で閉まっていることも多くなかなか払えない。行っても、まだ金額がわからないので、改めて来るように言われてしまう。

なので、お客様サービス24時間オンラインと書かれた横断幕や看板に投石されていたりする。書いてあるだけで、何のケアもない。水は飲めないので、仕方なくミネラルウォーター代を食費にいれて毎月やりくり。湧き水、井戸水で水質が良ければ、煮沸して家庭用の飲料にされている。

考 段取りが苦手

家のベランダ2階には、蛇口があるが排水溝がない。手を洗う時、バケツを置いておいて、バケツに残った水は、お気に入りの植木鉢に水をあげるから大丈夫、など言われる。新品の家具も、床が曲がっているか？家具の足の長さが違うのかガタツクが、置き位置をかえるとうまくおさまったりする。建て付けが悪ければ、ダンボールでも挟むか家具を切ってもらう。

ヴィラを建ててほぼ完成してから、クーラーを設置する時になって設置場所を決めておらず、もう一度壁を壊してからでないとクーラーが入らない。電気のスイッチは沢山あるが、電気は通ってない。考えなさすぎに唖然。

暮 バリ流時間の捉え方

インドネシア語ではゴムの時間、「ジャム カレット Jam Karet」という言葉がある。ジャムは時計で、カレットはゴムのこと。時間はゴムのように伸びたり縮んだり、楽しい時はあっという間に過ぎ去り、退屈な時はいつまでも時間が進まないということ。

結婚式の招待状をもらったら、開始時刻に家を出発するくらいで丁度良い。早すぎるとお腹が空いたヘンな人と思われるか、まだ会場を飾り付けていたりするので、遅れ気味に行くのが礼儀。

コンサートでも、8時開演で実際に始まるのは夜中だったり。パンフレットや貼りだされたスケジュールと演目がまったく違う、出順が違うとか、当日もテンヤワンヤでも、誰も否定しない。

暮 通行止め

儀式がある時は、道路が突然通行止めになり、何の前触れもなく、いつ終わるかもわからず、行く手を閉鎖される。祭りに関係ない立場の場合、迂回するか、そこへ辿り着けなくて諦めるしかない。

考 遅刻の理由。言い訳オンパレード

遅刻をしたら、謝るより先に、延々にそれらしき理由を述べることに時間をさく、それがいかにもなウソ。にもかかわらず、しゃべり続ける。"携帯をなくしました""田んぼに落としました""お金もないので携帯も買えません"手に携帯のシムカードだけ持っていたりする。"バイクがパンクして、水位が上がって移動できなかった""昨日、夜遅くまで祈っていたので遅れました""おばあちゃんが亡くなったので田舎に帰っていました"って、あなたもうおばあちゃん18人目くらいになるけれど。とにかく突っ込みどころ満載だが、それでも、本人は被害者で可哀想な感じを演出しながら、最後には自分で"ああ〜可哀想"と言う。きっと両国をつなぐ仕事をしている人は、インドネシアと日本の板挟みになって謝ったりしているのではないか？ 一度、目の前で切れてみるか、究極の時は、笑い飛ばすしかない。

宗 平和をもたらす3つの要因 テゥリ ヒッタ カラナ

ヒンドゥー教哲学のコンセプトとして、平和をもたらす3つの要因テゥリ ヒッタ カラナ Tri Hita Karana（サンスクリット語。インドネシア語ではティガ スジャットラ プニュバッブ Tiga Sejahtera Penyebab）という考えがある。テゥリは3、ヒッタは幸せ・喜び・安寧・平和・平穏・繁栄、カラナは理由・原因を表す言葉。

1つ目は、人間と神の繋がりのことで、『パラヒャンガン Parhyangan』という。神様、ご先祖様を崇めることによって人々に幸せが訪れると考える。

2つ目は『パウォンガン Pawongan』。人間と人間との繋がりで、人々との調和を保つことで幸せが訪れる。

3つ目は、『パルマワン Palemahan』で、人間と自然環境の繋がりをさす。人間と自然環境との調和を保つことで幸せが訪れる。

この3つの相互の繋がりを大切にすると、人間は幸せに過ごし喜びを感じることが出来る。それにプラスしてとても大切なのは、もっと自分を知ることで、自分自身と深く繋がり、己を深く洞察し、自分と深く調和していること。全てのバランスを保つことが平和をもたらす。

考 ケジメない

学校でも、日本のように"起立・気をつけ・礼"がない。「終わりと始まり」「一本締め」はない。いつ始まりいつ終わるのか常にダラダラ。このゆるさがインドネシア流。

日本に長く住んだり働いたことのあるインドネシア人には、逆に自国に帰ると、遅さについていけない。逆にインドネシアに長かった人が、日本に戻るとレジ打ちの速さと、釣り銭と商品の受け渡し手際の良さに動揺する。

考 なんでもその場しのぎ ギリギリまでほっておく

郵便物が途中で消える。いつ届くか問いただすと逆ギレ。番地がわからないと、適当なところに置き去りにする。EMSで郵便物が届いても配達員にチップを渡さないといけない。

雨漏りがない家を探す方が難しい。雨季は必ず雨漏り。屋根、窓、壁、ある日突然水が湧いてくる。雨漏りの時だけ、困った、困ったとバケツや鍋を置く。次の日晴れるとすっかり忘れる。お役所でも、水が上がって足が水に浸かっていても、デスクで新聞を読みコーヒーを飲み、プラスチックのゴミ箱がプカプカ浮いても作業を続け、洪水でも下半身水に浸かりながら、頭だけビニール袋を被っている。

壊れた扉、蛇口、水道管が外れる、パイプに穴が開く、井戸のポンプが壊れる、電話線がネズミにかじられて切れる、扉の建て付けが悪い、鍵がこわれたら、そのまま放置、釘に糸をつけて、それを差し込み臨時の鍵にする。よく調子の悪くなるクーラー。今日もお供えしておいたから大丈夫と言われる。根本は直さないところがいつも疑問。

宗 上下の区別

台所がボロボロ、水周りがきたない。不便さを楽しむ。水量がないと役にたたない全自動洗濯機はいらない。

宗教上で洗濯物は、目線より下、神棚の反対側に干し、タンスにしまう時は上段に神事で使う布、一番下に下着など、細かな手順がある。

ところが実際洗ってる場所が川だったり、石や草の上に干しアイロンをかけて仕上げる。アイロンは、虫が衣類に付いているのを殺すためでもある。こだわっているが、清潔とはいえない。台拭きもや床拭きも、洗面所のタオルといつのまにか混じってしまっても、気にしてない。

宗 階級と言葉

名前を見れば、その人がどの階級に属しているのかわかる。階級の高い人は名前が一般的に長い。バリ語とインドネシア語は異なる。バリ語には敬語があるので、この4階級にあわせて敬語を使う。

結婚式のお呼ばれの食事は、たいていビュッフェスタイルで、階級の高い人が先に食事をして、平民は最後の方で食事ができる暗黙の了解。日本人を含む外国人の扱いは一番下と同じ。

暮 傘要らず

スコールで豪雨の場合は、傘をさしても意味がないほど下から巻き上げる。スコールの前には強風が先にやってきて、真っ黒な雨雲が局地的に雨を降らせる。頭だけは大事なのか全身濡れていても、ビニール袋を頭にかぶっている。

暮 無計画に建てる家

家を建てたければ、2〜3年別の家に住んで待たないといけない。建築中は、敷地内に工事の人がバラックを建て、寝泊りする。材料が無くならないよう監視しないといけない。無計画に建てるので途中で材料費が足りなくなって、一時工事を中止する場合もある。先に見積もりをしないので、お金がある時に材料を買いながら少しずつ作る。壊れながら、作り続ける。

考 釣り銭はキャンディーでも小銭にならない

スーパーで釣り銭は、日本の5円以下は戻らない。コインがない場合は、キャンディーで渡される。後日、キャンディーをいっぱい集めても現金化は出来ない。小さなよろず屋（ワルン）だと、次の時におつり渡すなど言われる。逆にお金を忘れてきても「いいよ、支払いは今度で」となり、顔見知りになると自分の台所のようになる。

1ルピア単位で気になる人は相当ケチだと思われる。銀行の通帳でも端数は支払われない。しかも銀行が破れてたり、臭かったり、汚い紙幣を渡してくることもあるので、その場ですぐに確認して変な紙幣は変えてもらう。何故かお札をホッチキスで留めたり、電話番号を書き留めてあったり、破れてるのをセロテープで貼ってあったりするのである。

インドネシアでは、100枚単位のお札は輪ゴムで束ねてある。紙で巻いてあってもブカブカ。たとえ銀行や両替商であっても、カウンターで数え直しが必要。

暮 口笛で風を呼ぶ

子ども、大人も本気の凧揚げ。風向きの良い時期にサヌールビーチで凧上げ大会がある。トラックほど大きな凧を作ってあげる。村ごとに凧作りで寄付のお願いがよくある。

凧を持って行進するので道は大渋滞。風が出ないと、口笛を吹いて風を呼ぶ。大人も大真面目にやっている。ずっと手で凧を持っているのは大変なので、どこかにくくりつけて、夕方下ろしに来る。飛行機からもこの凧は見えるので、知らない人は得体の知れない鳥か何かが、上空にいるのかと思っている。

しかし、凧をおろすのを忘れて放置されるとその凧糸が見えなくて、夜にバイクに乗っている人の首に引っかかっただの、恐ろしい話を聞かされる。

暮 ビーチでは、カナヅチさん

バリの女の子は泳げない人が多い。波打ち際でパシャパシャしているだけ。浮き輪売り、カヌー、とうもろこし屋台、茹でたピーナツ売り、バリ犬がお供物をあさっている。ローカルのビーチは、そんな感じだが、観光客用のビーチはおしゃれで洗練された雰囲気。

考 贈り物

バレンタインはあるが、チョコに限らない。渡す相手は、女性同士、男性から女性でも誰でも大丈夫。プレゼントはぬいぐるみ、一輪のバラなど自由。ぬいぐるみのライセンスは無視、ちょっとヘンテコな顔のコピー商品でも全然気にしていない。ホワイトデイはないので、お返しはいらない。

宗 木でできた服

村の掟に反して、木を勝手に盗んだ人が裁きを受けていたのが印象的。村組織「バンジャール」の力は警察も及ばなく、村の采配で刑罰が下る。木でできた服を着せられ、村の中を行進し、まるで何かの儀式の行列のようだ。村のお寺についたら"心を改めます"というお祈りを、村人みんなが見守る中でさせられていた。

ところがものものしい雰囲気ではなく、みんなゲラゲラ笑っている。まず、格好が面白い。木がジャラジャラしすぎて、お祈りで床に座るのも大変。笑われてる本人も、笑っている。村で掟を破ったらこうなりますという、戒めも深刻ぶらない。

お祈りだけは最後にきちんと村人全員であげていた。

暮 シーズン

日本のように明確な四季はないが、バリ島には雨季と乾季の他に "ドリアンの季節" "マンゴーの季節" "恋する季節" などの言い方がある。

果物のシーズンは雨季で、その時期に取れる果物の名前をとって季節を表している。恋する季節は、満月に一斉にウミガメが産卵したり、神の遣いとも呼ばれる白蛇が出てきたり、猫に盛りがついたり、犬が遠吠えしたり、動物も人間も、生きとし生けるものにシーズンがある。

南国の花々は毎日咲いていると思われるけれど、ブーゲンビリアも、葉だけと花のシーズンがある。バナナの木も、花が咲く。花が実を結びバナナがたわわになる。しかし、ひとつの木からバナナが取れるのはその1回限りで、同じ木にはもう実がならない。次の株が伸びて、木になって実を結ぶ。この繰り返し。

いつも、いつもベストパフォーマンスじゃなくて大丈夫。最適シーズンまで休み、休みでちょうどいい。

考 辛抱

お祈りに行くのに、荷台に乗っている2歳くらいの男の子。おばあちゃんの膝に抱かれてじっと座っている。大人でも、こんなにじっとできないであろう。

普段から寺院の境内でも辛抱強く座っている子ども達をよく見る。日本では、ゲームか何かでつらないと、そんなに辛抱できないのでは、と思う。そういう意味ではインドネシアの方が人間力が上。

考 能率、効率主義ではない

車そのものに、感謝をささげる。毎日愛情を持って使う。大切に物を扱うと長持ちする。良い気が入って事故が起こりにくくなると考えられている。毎日、磨かれた愛車と放置されたほこりまみれの車では、愛情をかけたかどうか一目瞭然。効率的、能率的ではないこと、面倒くさいこと＝愛。一見無駄そうに見えることが、本当は人間が生きていく上で最も大切なことだと思わされる。統計をとって％で表示してしまう日本とは異なる考え方。伝統が変わらない理由がある。

食 メニュー

宗教で、食べられないものがあるので、様々な宗教の人が一緒に食事するなら、チキンだと問題が少ない。イスラム教は豚がダメ、ヒンドゥー教は牛がダメ。

敬虔な人なら気にするが、割と適当な人も中にはいる。育った家庭環境によって違う。

宗 たしなみ

ガムラン楽器は神事のため男性が演奏する。日本のお相撲の締め太鼓、土俵に女性が入れないのと同じ。

神事以外で、女性と子どもだけのガムランチームも形成されている。村の集会所や学校で、ガムラン楽器演奏、バリ舞踊など、小さな時から伝統芸能を学ぶ機会がたくさんある。所属する村の祭りに参加することで自然と身についていく。布を巻いて歩くので、仕草が綺麗。背筋がピシッと伸びたおばあちゃんも、かっこいい。

暮 学校生活と制服

幼稚園、小・中・高校。公立でも貧富の差が出ないよう、制服がある。高級な私学は、送迎用の車の登録も必要。公立では、学校に掃除道具がないので、家から各自ほうきを持っていく。

同じ学校なのに、曜日によって着ていく服が変わる。バティック（更紗）、プラムカ（ボーイスカウトのような服）、下が赤で上が白、体操服の日など、一瞬違う学校に通っているように見える。

バリは常夏。洗濯しないで、日本のブレザーのように同じものを毎日着ることが難しい。水が悪い上たらいで洗うのが普通。生地も傷みやすい。なので毎日取り替えられるようになっている。

考 一人の時間はもったいない。よくないこと？

ひとりで出かけるのは良くないこととされ、特に女性は出来ない。常に誰か近くにいる状態で、なかなか孤独にさせてくれない。ビーチで一人で座っていると、どこからか、人がやってきて、旦那は？子どもは？などと聞いてくる。波の音を録音したかっただけなのに（汗）。初めて会ったのに果てしなく続く質問。

バリ島以外から来た人に対しても、インドネシア人同士であっても、何処から？「Dari mana? ダリ マナ」（インドネシア語）、「Saking napi? サキン ナピ？」（バリ語）どちらで答えられるか？まず確認する。そして、家族は？何処に住んでいる？持ち家か賃貸か？車の有無？何歳？夫の職業、給料、結婚はしているか、してないか？子どもの有無？…。結婚は、していると答えた方が安全。独身、離婚は言わない方が良い。バリ人は何も属していない人をとても扱いにくい、怖いものだと思っている。

こんな不躾な質問は相当教養がないか、失礼極まりないと思ってしまうけれど、ただの挨拶代わり。初めて会ったばっかりでも、儀式を見においでなさいと、家庭訪問をすすめられたり、人懐っこい人たちである。

考 事故現場にもう一度出かける理由

事故は悪い気が滞ってるから起こりやすい。もう一度事故現場に出向いて供物と祈りを捧げる。その度に道路は渋滞になるけれどお構いなし。

運転の技術や道が悪いのではなく、その場所に邪悪な何かが潜んでるから事故が発生すると考えられている。

暮 バリの村の３つの寺

バリ島内の各村には必ず三つの寺院がある。「プラ・プサット」Pura Pusat と、「プラ・デサ」Pura Desa、「プラ・ダラム」Pura Dalam がそれだ。

プラは寺の意味。デサは村で、プラ・デサは村の寺。プラ・プサットのプサットは中心という意味で村の中心にある寺をさす。ダラムは内側という意味だが、プラ・ダラムは死者の寺となり、いずれも村人だけが参る寺院。

バリの寺院には、誰もが参拝できる公共の寺院と村人だけが参る寺院、族や親族だけが参る寺院の三種類があり、公共の寺院以外の関係のない寺に参拝はしない。

考 諦めの精神

物事が突然想い通りにならないことが、子どもの時から常にあると、些細なことにイライラ切れる必要がなくなる。実際に、学校の教科書の説明が途中で終わっている。答えのページがない。試験用のプリントを先生が忘れる。新学期だが先生がまだ田舎に帰って、戻ってきていない。子供達が登校しても先生がいない…、などある。

考 バリの文化を誇る

有名人がバリに遊びにきても、バリの人は動じない。騒がないのがバリ人。おっかけはせず、自分の文化が一番上と思っている。有名人にとっては、騒がれないので静養できる地である。

考 四十八茶百鼠

日本人は昔から色彩を分析し見分ける能力が世界でもトップクラス。桜の色の美しさが心からわかるのも日本人。決して華やかではないが、粋で洗練された日本の色彩文化は、日本の四季にあう少しくすんだ淡い色で上品。

一方、バリに合うのはトロピカルな色。その大地で見た時、迫力を感じたり一層美しく感じるのは風景にぴったり合うから。まるで絵画のフレームのように、国ごとに似合う色がある。世界中、民族衣装の存在する国は、その国独自の色を作り上げる能力に長けている。

暮 水浴びマンディについて

バリでは１日３回は水浴びマンディをする。朝、お供えものを上げる前に一回。昼寝の後に一回、夕方の祈りを捧げる前に一回と、一日のスケジュールに必ずマンディがつきもの。挨拶がわりに、「マンディは、もうしましたか？」と、日常でよく聞かれる。日本のように湯船に長時間浸かるという習慣はない。温泉のような湯気が立つ湯は熱くて怖がり、プールの水のようなぬる目のお湯が歓迎される。しかも浴室はトイレも兼ねる。タイルで囲まれたおおきな水槽のような水溜場から、水桶ひとつで、洗顔、用便、歯磨き、洗濯もすべて同じところで済ませてしまう。全身に石鹸をぬりたくり、勢い良く手桶からバサバサと豪快に冷水をかける。田舎では、川で沐浴も洗濯物もすませる。

素朴な村の暮らしとは違い、観光地では、大理石で出来たバスタブで海を眺める高級リゾートがある。まったくかけ離れた別世界である。

考 直線美、曲線美

直線的なイメージは"疲れる""緊張を生む"。先進国の建物は、ほとんどが直線で出来ている。一方、曲線は"和む""ホッとする"。道路も路地も、塀も壁も床も、東南アジアでは曲がっている。真っ直ぐでないことに、なぜか懐かしさと安心を感じる。日本の空気感は、いるだけで気が張り詰めてくる。きちんとしなければというプレッシャーがあり、直線で出きたものが多いこともくつろげない。

考 道路事情、ルーズだが、せっかち

信号が停電。車道よりも歩道が危ない。終わらない道路工事。ボコボコ道、土砂降り、水路の上の道は穴だらけ。せっかく、砂や石を並べても雨で流されたり、作業が悠長で、いつまでも終わらない。日雇いだと出来るだけゆっくり作った方がお金になる。アスファルトの質が悪いのは、ワザと適当に作り、また発注が来るように。会社のお偉いさんは、何回も受注が入るので、予算が出るが適当に材料はケチって作らせる。「その辺がもう、ダメなんだよ。」とみんな言いながら笑っている。

道路のセンターラインは、白く引いても見てないし、消えかけている。対向車が、自分のラインに向かって突撃してるように、走ってくる。信号も停電で止まったり、明らかにエラーで、赤青黄全部、点灯している。そんな時は、お構いなしにドンドン行きたい方へ流れる。こんなにノンビリしている気質の人なのに、すごくせっかちで我先進みたい、車間距離なし。

考 ヒンドゥー教の挨拶の言葉

サンスクリット語で、平和、無事を意味する言葉「Om Swastiastu オーム スワスティアステゥ」は、ヒンドゥー教同士の挨拶で使われる。バリのテレビ局放送も、演説なども、まず最初にこの挨拶から始まる。

日本でも言霊があるように、言葉に神秘的な力が宿ると考えられている。何かを始める前に、無事でありますようにと、人以外にも、空間にも伝える役割。空間も浄化される。これから始めることをどうぞお守り下さい。人にも、物にも、空間にも、何かのエネルギーが宿り、それが乱れたり、よどんだりすることで、災害が及んだり、事故や病気、家族問題が発生すると考えられている。

食 サンバルという香辛料

サンバルは、赤タマネギ、ニンニク、トウガラシ、エビのペーストを専用の道具ですりつぶし、絶妙なリズム感で練り上げて作る日本のお味噌のように欠かせない調味料。乳棒はウルカン（Ulekan）石製と木製で、乳鉢はチョベ（Cobek）石製と素焼きがある。つぶしてペースト状にしたものは、そのまま食したり、ココナツの油で熱して料理に使う。熱した時、クシャミが止まらないほど辛い。

バリでは基本的に、どんな食材でも油でカリカリになるまで揚げて、このサンバルをつけて食べるのが普通。特別なことがない限り、朝昼晩と同じものを食べている。日中は暑いので、このような腐りにくい調理法や、また食欲をそそる香辛料が生まれたのだろう。

一方、祭礼の時の食事はラワール（亀肉をすりつぶしたもの）やバビグリン（豚の丸焼き）など。調理に時間がかかるものは、村の共同作業で一斉に手作りし、各家庭に分配される。

食 食器を洗う

使うお皿は1枚で十分。毎日がビュッフェスタイル。ご飯の上におかずをのせ、汁物もかける。日本のように食器を愛でる文化ではなく、取り皿をたくさん並べると「なんでややこしいことをする？」など聞かれる。たくさん皿を使うと、洗う時に沢山水が必要になると考える。

特に断水など水が貴重な時や屋台など、水があまりない環境での洗い方は独特で、水が入ったバケツが3つ。一つ目のバケツで汚れを落とす、2つ目のバケツで泡をつける、3つ目のバケツですすぐ、終わり。バケツの水はずっと同じなので、皿の状態は？である。

宗 祈りの言葉

インドネシアには宗教ごとに特別な挨拶がある。バリ島では、毎朝、毎夕お祈りの放送がある。その時の祈りの最後のフレーズが、オーム サンティ サンティ オム Om Santi Santi Om。平穏無事でありますようにという意味が込められている。宗教行事以外にも、テレビ放送、会合などの集まりで締めの言葉として、必ず祈りの言葉が入る。インドネシアではどの宗教も尊重されており、その人の属する宗教にあわせて祈りをあげる。

考 感謝と仕草

テゥリマカシ Terimakasih はインドネシア語でありがとうの意味。テゥリマ terima ＝受け取る カシ kasih ＝与えるの2つの言葉で出来ている。英語のギブ＆テイク。

挨拶する時に、右手で握手した後に、その手をそっと自分の胸にあてる仕草をする。この姿がしなやかで、とても美しい。まるで"あなたの心を受け取りました"という風に見える。女性同士、お互いの頬を、左右交互に、軽く合わせる仕草も愛らしくてキレイ。手のひらをあわせた状態で指先だけを軽くタッチするように、お互いの手に触れる挨拶もある。

尊いものに接する時は、後ろ姿を見せないように、腰を低くして静かに下がる。前を横切る時は少し腰を下げて、前屈みで右手を前に出し、相手に敬意をあらわす。ものを受け渡しする時は、右手で差し出し、左手は右手の肘の所に添える。指差す時は、人差し指ではなく、右手をグーにして親指をたて、右手の甲を左手で受けるようにする。

市場などで商売をしている人は、朝一番のお客さんが払ってくれたお金を受け取った後、その紙幣で売り場の各商品にパタパタとタッチしていく。ゲン担ぎで次の商品も売れやすくなるそうだ。ほんの日常の些細な仕草が、いろんな感謝の心を伝える。

暮 火種の事情

ホテルやアパート、民家は、プロパンガスで、田舎では椰子の実の皮の部分の乾燥したものを焚きつけにつかう。裏庭に生えている椰子の実を木から落とし、中身を飲んだり、熱したものは、ココナツフレークや、やし油をとる。

やしの葉はお供え物作り、編んでカゴや、柵にしたり、木の部分は建物、実の部分は食用、皮は道具類になる。捨てるところのないこの木は貴重で、南国の暮らしに欠かせない。

食 結婚式の食事

結婚式のお呼ばれなどの食事では編んだ籠の上に油紙を敷き、そこにご飯、好きなおかずをのせ、右手にスプーン左手のフォークを持ち、スプーンですくってフォークで押し上げてから口に運ぶ。もしくは、右手だけを使って食べる。

食事が終われば籠を回収して油紙は捨てるだけ。食器を洗う必要がなくなるし、油紙の代わりにバナナの葉っぱの時もある。

食 見た目でわかる肉

市場で売られている生きている鳥、毛並み、色など、お供え物用は、指定のものを探す。肉類の表示はなくて、包丁をもっている市場のおばちゃんに、この辺と言えば、その部位を切り分けてくれる。何肉か聞かなくても、一匹横たわっているのですぐわかる。最新のショッピングモールでは、パックされたものが売っている。

田舎の方では、調理にテーブルではなく、半オープンスペースで地面にしゃがんで作る。その為、調理の時に地面に落ちた唐辛子やパパイヤの種などが、勝手に庭に生えてくる。

食 テイクアウト天国

バリ島では、なんでもテイクアウト出来るのも魅力だ。ご飯類は油紙にのせて三角に包み、ホッチキスか輪ゴムで止めてある。液体類のスープやコーヒーなどは、ビニール袋に入れていく。ジュースなどは、ビニール袋の口を握ってストローをさして飲む。ストローがない場合は、袋の口をぎゅっと縛って漏れないようにしてから、袋の下を噛み切りそこから押し出して飲む。

宗 レインストップ

ご祈祷代がホテルのパーティー会場の予算の中に入っている。聖職者に来てもらい祈祷を上げ、雨雲を避けたり、飛ばしたり出来るという。ガーデンパーティーで、夕方から夜の8時まで、レインストップをお願いしておいたら、その間は雨が降らず、ちょうど記念写真を撮り終えた頃に、雨が降り出した。こちらはファッションショーのモデルさんを用意していたので大急ぎで退散。それでも、何とか無事終了できたので、レインストップは噂ではないのか…。特別に大きな儀礼の時は、御祈祷の人数を増やして、レインストップ出来るエリアを拡大するとも聞く。

食 食事は好きな時に

食事は朝一番にまとめて作っておいて、それぞれがお腹が空いた時に台所へ行ってお皿に盛って好きな時に食べる。たいてい思い思いの場所に座ってというよりも、しゃがんで食べるのが村の生活。ダイニングよりも、外の風に吹かれて階段や路地、木の下などで食べるのを好む。その下では小動物達もウロチョロ、にわとりが歩いていたり、木にはリスがいたり、のどかである。バリでの食事は、朝一番の炊きたてのご飯をお供えに使うため、その残りをいただく形をとる。

ヤシの葉で編んだティパット Tipat というお供えは、中に生のお米を入れて茹で、お供物として使う。寺院礼拝などのお供物として捧げられた後は、供物の残りを少し頂くのは縁起が良いので家族で分け合って食べる。もし、乾燥しすぎでご飯がカチカチになってしまったら、庭に飼っている鳥の餌になるか、ザルに入れてもっと乾燥させて、揚げ菓子にしてしまう。熱帯で、ご飯が腐りやすいので、無駄にならないよう工夫して気をつけられている。供物以外でも、ティパットはインドネシア版のおにぎりのようなものとして親しまれる。パサパサのお米も、茹でると少しもっちりするので、ナイフで切り、スライスして食べる。焼き鳥（サテ）屋さんのご飯は、たいてい普通に炊いたご飯か、ティパットにするか選べるようになっている。

ナイフは、切り出す方向が日本と反対で、外に押し出すように切る。この切り方だとまな板がいらないので、フライパンの上で空中切りもお手のものである。女性達が日々使う椰子の葉を切り出す時の仕草も、やはり外に押し出して切る形。切り絵のように細かく切り込んでいくのも、たったナイフ一本で作り上げる。

食 食事は好きな場所で

バリでは一度沸かしたお湯は、毎回沸かさなくて済むように魔法瓶に保存する。

食器は、たいてい耐熱ガラスの大きなグラスが使われている。お店のコップは、グラスの裏にマジックで色をつけたり、番号を書いていたりする。

海辺で商売する人は、グラスの形が似ているので後で食器を回収する時に自分の店のものがどれかわかるように目印をつけている。

台所事情も同じで、屋台でも定位置ではなく、好きなところに座って、海なら砂浜の好きな場所に買った食べ物を持って行って座り、食べ終わってからお勘定になる。

道は無秩序な上、毎年車の台数は増加。交通渋滞が尋常じゃない。ビーチ周辺は一方通行。笛吹きおじさんに駐車料を払えば、駐車禁止と書いてあっても、駐車出来てしまう。だから余計に道幅が狭くなって慢性的に渋滞が起こる。

考 まだ3分経ってない

食べ物を食べていて、うっかり落としてしまう。落としたものを拾って食べるのに、日本ではまだ3秒経っていないし大丈夫。食べちゃえ。となるところが、インドネシアでは、この3秒が、まだ3分も経ってないから大丈夫という言い回しがある。それが「Belum 3 minit ブルム ティガ ミニッ（まだ3分経ってない）」。そんなに待てないのが日本である。

宗 梵我一如

サンスクリット語 ではタットワマシ Tatwam Asi、インドネシア語 ではカウ アダラ アク アダラ カウ kau adalah aku.Aku adalah kau 。

これは梵我一如と訳され、バリを代表する言葉。「私は、貴方であり、貴方は、私である。」この中で、貴方というのは、神という意味にも捉えられる。

ヒンドゥー教の哲学では、ブラフマン Brahman（宇宙を支配する原理）、アートマン Atman（個人を支配する原理）という考え方がある。ブラフマンは、自然の真理そのもの。アートマンは体の中にあって、他人と区別しうる不変の実体（魂）のようなもの、真我。大宇宙（梵）小宇宙（我）の融合合一、同一であることを、知ることにより、永遠の幸福に到達しようとする思想で古代インドにおけるヴェーダの究極の悟りとされる。

ヴェーダにおける究極の解脱とは、個人の実体としての我が宇宙に遍在する梵と同一であることによって自由になり、あらゆる苦しみから逃れることが出来るとする。

サンスクリット語でアートマ Atma は「もっとも内側」の意味、ブラフマ Brahma は「力」。物質世界を変える儀式や生贄の力と、それらを扱う事のできるヒンドゥー教の最高カースト。

こういった教えは遠い世界の話ではなく、ごく身近に学校のヒンドゥー教の授業で習ったり、日常的に目にし、バリの暦に書かれている。

梵我一如タットワマシには、平和と幸福、相互尊重、相互扶助、思いやり、愛、寛大、誠実、祈り、すべての意味が含まれている。タットワマシは、バリでの生活そのもの、生き方そのものと言える。

考 販売するよりおしゃべりに夢中 どこまでもヒマ

人が集まって来ると、嬉しくなるみたいで、すぐ輪になりしゃがんで話し出す。特売コーナでは、売り子さんがワーワーいって話し込んでいるので商品が見えないけれど、おかまいなし。割り込んでみても、商品の説明もなければ、おしゃべりもやめない。男も女も話大好き。主に家の中であったことを話す。次の日もまた同じような報告をする。大家族なので話が尽きない。

こんな商品探してるんだけど、と聞くと、即座にナイとか、アッチなど言う。言われた方向に行って見つからないので、聞いたらまた別の方向でアッチ。諦めて自分で探すとあったりする。聞かれたら、一応答えないと不親切と思うらしい。

何をしているのかわからない人が沢山いる。床をヘラで削ってゴミを剥がす？手で蚊を追い払う？レジの下にもぐって何か食べてる？のどかでヒマ。商品の棚には、食べかけたものが置いてあったり、買い物のカートは、子供用のシートではなく買い物カゴの中に商品と一緒に子どもが入って座っている。

考 Taksu タクス　バリ島の美意識

タクスとは、物にも命が宿り、芸能のスキルにも魂が宿るバリ芸術の考え方。上品、洗練、優雅、繊細、知性、純真、調和、神聖、全てを含めた言葉。何もないけれど、目に見えない力がこもる。神聖的なパワーが物にも宿る。機織りする時に織り始めるのに最良の日が選ばれ、お花を耳に挿して歌を歌いながら織ると良いものが出来上がる。心が少しでも乱れると織り機から離れる。そうしないと良い気が織物に入らない。

すべての芸術に共通するタクス。機織り以外にも、絵画、彫刻、ガムラン演奏、バリ舞踊、どんな芸能も、どれだけ極めてもタクスの力がないと無意味という考え方。

例えば、ただ技術的に上手いだけのダンサーは、見る者に存在を超えた何かの感動を与えたり魅了させることは出来ない。その一方でまだ踊り出す前に、佇んでいるだけで美しければ十分にタクスがある。タクスを持つ者は、目に見えない何か宿っているものにも敬意をもって扱うのでその琴線に触れた者は感動を覚える。

タクスは、人生の究極の目標であり、ポジティブな、エネルギーをかもしだす。バリの人は、すべてを受け入れることで、平穏な生活があり、精神的な繊細さと思考と美の純度をあげ、心の平和をもたらすと考えている。

暮 家や赤ちゃんの魔よけ

病院にいっても治らない病を治すには、呪文の魔除けの布を貼る。赤ちゃんは神聖なので大人が見えないものを見て泣くと思われているので、お母さんは気が楽。夕暮れ時は、邪悪なものにとりつかれやすいので、赤ちゃんは誰かに抱っこされておいた方が良い。赤ちゃんがご機嫌な時は、精霊と遊んでいるので、ひとりでニコニコしているとか言われる。赤ちゃんの夜泣きがひどい時は、呪術師バリアンに連れて行って相談する。聖水や魔除けの布をもらってきたり、赤タマネギで少しおでこをこする。ドラキュラがにんにく嫌いのように、バリの化け物は、赤タマネギが苦手らしい。時間帯では、正午や夜中12時ちょうどがどちらも危ないので、少し遅れて出発するなど気をつけている。

考 遅れても無事な方が良い（誰も悪くない）インドネシアの諺

インドネシア語でスラマット Selamat には、「無事」という意味と「おめでとう」の意味がある。

挨拶の言葉で、「スラマット パギ Selamat pagi 」は、"おはよう"、「スラマット シアン Selamat siang 」は "こんにちは" の意味。

このように、各時間帯を表す言葉（朝＝パギ、昼＝シアン）の前に、スラマットをつける。朝が平穏無事でありますように、昼が平穏無事でありますようにと祈りの入った綺麗な言葉である。スラマットを単独で使う時は、おめでとうの意味になる。

何事につけ、スラマットであることが大切。物を配達するにも、大幅に時間通りに行かなくても、例えば大雨や、洪水など、事故にならなくて良かった方を評価する。しかも天変異変は、誰のせいでもないから、誰も悪くないことになる。飛行機が時間通りに飛ばない、または墜落しても、死者が出なければ、良かったとなる。そんな時にインドネシアの人々が使う言葉が、「ビアール ランバット アサール スラマット Biar lambat asal selamat （遅れても無事な方が良い）」である。

考 約束や話が一日で何度でも変わる

約束の時間に行ったら本人がいない。昼寝中だったり、今から水浴びするから待ってと言われる。

誘ってくれたイベントに、本人に電話すると"今日だっけ？"は普通。朝頃、昼頃の約束は、夕方や夜になる。後でね、またね、は明日になり、一年後もまた明日になる。

宗 宗教によってかわる生き方

どの宗教に属するかによって通う学校が異なり、年間を通しての宗教儀礼も違う。

ムスリムの幼稚園だとベールを巻いて、体の線が出ない服。髪の毛、首筋は見せない。学校の授業でコーランを読み、お祈りの時間がある。クリスチャン、仏教もそれぞれ学校の行事が異なり特徴がある。

暮 子育てはおおらか

多少水をこぼしても叱らない。床がタイルで、服が濡れてもすぐ乾く。頭に手をかけて反対側の耳たぶにに触れたら入学できますよ！というミルクの CM があった。体が小さいと、もう一年たってから来てくださいと言われたり、小学校でも落第がある。

生まれた生年月日で入学年度を振り分けず、その子の体の発育にあわせる。

考 自殺は最大の罪

バリの諺で、「ルビバイック ヒデウップ ダリパダ マティ Lebih baik hidup dari pada mati （死ぬより生きた方が良い）」というものがある。

日本ではどうして自殺する人が多いの？日本のロボットのような働き方、過労死ってなあに？日本に憧れをもつ人にとって、最高の国が日本。こんな恵まれた国の人が命を絶つことは、何度説明しても理解が出来ない。

働くことは、楽しいこと、苦しみや修行じゃない。働くというのは、お金を儲け、現金化することだけじゃない。無償のゴトン ロヨン Gotong royong （相互援助や人助け）も含まれる。これは、天国貯金。呼吸すること、そこの空間にいること、何でも楽しく、愉しくしておくと、そこが明るいエネルギーにかわる。神様は愉しく暮らしているのを見るのが好き。リズミックな生き生きした空気感が生まれる。

死を選ぶのは、人間がすることじゃない。神から与えられた時間を自分で縮めるのは、一番やってはいけないこと。まるで神を冒涜しているとしか思われない。

暮 公共トイレ、料金の設定が３つ？

水浴び・大・小により料金が違う。トイレの前に箱があり、そこに入れるかトイレ番の人に払う。トイレットペーパーは無い。持参するかもしくは係の人に貰うが、量が少なすぎる。トイレットペーパーは水に流せない。食堂で、卓上のティッシュがトイレットペーパーでも全然気にしない。

索引

バリ伝統衣装研究家 武居郁子 IKUKO TAKEI

日本人初、インドネシア国家資格取得者。
兵庫県西宮市出身。バリ島暮らし20年の中で体得したバリ流の人間力、幸せの捉え方を島の魅力とともにいろんな分野からお伝えしていきます。20年の時を経て集大成となるバリ伝統衣装のコレクションが日本上陸。バリの人も知らない、バリに行っても見ることのない、国宝級の衣装達。
世界初公開を目指して一人でも多く世界中の方々にご覧頂きたいと願っております。

インドネシア語通訳、講師。バリ伝統文化についての講演。バリ婚礼衣装、バリ伝統衣装の着付け、ヘアーメイク。バリ舞踊、ベリーダンス、ガムラン演奏、いづれも講師。美術モデル、バリ伝統衣装ファッションショー開催など、多岐にわたって日本とインドネシアとの文化交流につとめている。
共著にバリ楽園紀行（グラフィック社）バリの伝統美（東方出版）がある。

武居郁子 公式 WEB ……
http://ishinsha.com/balitakei

バリ島服飾文化図鑑
The Mystique of Balinese Textiles

2018 年 8 月 17 日 第 1 版 発行

著　　　者：	武居 郁子
取材協力：	サロン アグン SALON AGUNG：Dr.Dra.A.A AYU KETUT AGUNG,MM
写　　　真：	萩野矢 慶記（p.10 人物、p.37 左上、p.38、p.39 人物、p.46 左下、p.48 人物、p.50 人物、p.51 人物、p.57 人物、p.60 右上、p.72 人物、p.73 人物 2 カット、p.82、p.90、p.92）
	武居 郁子（現地写真）
	Bless Bali 橋本 忠義（p.79 右下、p.80、p.91、p.96）
	イ・ジュン（資料写真）

デザイン： シマノノノ
編　　集： 島野 聡子

発 行 人： 浅井 潤一
発 行 所： 株式会社 亥辰舎
　　　　　〒 612-8438　京都市伏見区深草フチ町 1-3
　　　　　TEL.075-644-8141　FAX.075-644-5225
　　　　　http://www.ishinsha.com

印 刷 所： 土山印刷株式会社

ISBN978-4-904850-72-5　C1639